English through Games

Dr. Azadeh Nemati

Copyright © 2014 Dr. Azadeh Nemati

All rights reserved.

ISBN: 9641028715
ISBN-13: 978-9641028710

فهرست

پیشگفتار 1

نحوه انتخاب بازی 2

چه کسی می‌خواهد میلیونر شود؟ 11

فعالیت کلاسی با دیکشنری تصویری 13

یکی را خارج کن 15

شرط بندی روی جمله 16

حدس اسم حیوانات به کمک حروف الفبا 18

برای تعطیلات چی میاری؟ 19

مسابقه به یاد آوری اسامی اعضای بدن 21

سایمون می‌گوید 22

کشیدن دستور عمل‌ها 23

یک شی را توصیف کنید 24

تیـک تـاک تـو 26

2 حقیقت 1 دروغ 27

فعالیت کلاسی جـلاد 28

حروف چینی 29

ردیف‌ها و ستون‌ها 30

جمله سازی با کلمات 31

سفر دور دنیا 33

کشیدن یک قسمت از بدن 35

حدس بزنید داره چیکار میکنه! 37

مرتب کردن کلمات 38

حقیقت یا دروغ 39

حروف و کلمات را به هم وصل کنید 40

کشورهای جهان 41

بازی شمارش سگ و گربه 42

3

چند کلمه می‌توانید بسازید؟	43
مسابقه پاسخگویی سریع	44
مزایده آخر کلاس	45
صفحه شرح‌های جالب در تصاویر	46
بازی اسم فامیل	50
کلماتی که معنای متضاد دارند را با هم جفت کنید	52
صفحه مرور فیلم‌ها	53
اسم حیوانات بر اساس حروف الفبا	54
بازی خوراکی بینگو مخصوص بچه‌ها	55
کسی را پیدا کن که	56
اسم فامیل الفبا	57
کلمات مشابه را جفت کنید	59
سفر و تعطیلات	60
مصاحبه شغلی	61
نام شهر ها بر اساس حروف الفبا	62
مسابقه تکمیل جمله	63
مسابقه اساسی کشورها	64
مسابقه پول	65
مسابقه علمی مخصوص بچه‌ها	66
امتحان جغرافی مخصوص بچه‌ها	67
جک‌هایی در زبان انگلیسی	68
کلمات به هم ریخته بامزه	70
جناس قلب را بیاموزید	71
معماهای سرگرم کننده مخصوص بچه‌ها	73
واقعیت‌هایی در مورد زبان انگلیسی	74
لطیفه‌هایی در موردهالوویین مخصوص بچه‌ها	76
بازی با کلمات (ایهام)	78
اصطلاحات انگلیسی	79

مثال‌های متضاد	80
تکرار سریع جملات مخصوص بچه‌ها	81
کلمات انگلیسی جالب	83
پازل جستجوی کلمات سال نو	84
کلمات به هم ریخته عید پاک	85
بازی زنجیره‌ای جملات شرطی	86
داستان سازی با کنار هم گذاشتن کلمات	87
نقاشی زنجیره‌ای	89
موضوعاتی برای گپ زدن	91
شغل من چیه؟	92
چه فکری در سر من است؟	93
به صف بایستید	95
موضوع صحبت	96
مارهای کلمه‌ای	97
نقاشی با دستورالعمل	98
توپ را پاس دهید	99
اشیا مخفی	100
درست یا غلط؟ راست یا چپ؟	101
دیکته مسابقه اسب دوانی	102
مزایده دستور زبان	104
خطوط تلفن	106
اتاق گفتگو	107
بازی فنجان قهوه	108
بازی بله و خیر	109
بازی‌های دو کلمه‌ای	110
توالی استاندارد	112
جواب قبلی رو بگو	113
نمودار شادی	115

کنفرانس مطبوعاتی	116
من به خرید رفتم	118
صندلی داغ	119
Bibliographies	120
درباره نویسنده	121

پیشگفتار

وقتی از آموزش صحبت می‌کنیم اولین مکانی که در ذهن مجسم می‌شود مکان درس است که امر آموزش در آن به صورت مستقیم صورت می‌گیرد. حال آنکه آموزش غیر مستقیم تاثیری گسترده تر و بیشتر دارد. کودک زبان اول را بدون آموزش و از محیط یاد می‌گیرد. در تئوری‌های تدریس آموزش جانبی (Peripheral Learning) نقش به سزایی دارد. یادگیری زبان دوم هم می‌تواند به صورت غیر مستقیم و از طرق مختلف انجام گیرد. یکی از این راه‌ها آموزش از طریق بازی است.

امروزه کودکان و حتی بزرگسالان از بازی‌های رایانه‌ای زیاد استفاده می‌کنند. اگر این بازی‌ها به صورت هدفمند هدایت شود می‌تواند منجر به یادگیری مطالب مختلف شود.

کتاب □آموزش زبان انگلسی از طریق بازی□ با در نظر گرفتن این نکته که آموزش خصوصاً آموزش زبان انگلیسی باید از طریق غیر مستقیم و با شادی همراه باشد، به معرفی انواع بازی‌ها می‌پردازد. این بازی‌ها حاصل چند سال تجربه و گردآوری است.

بازی‌های معرفی شده در این کتاب برای تمامی سطوح – مقدماتی، متوسطه و پیشرفته – مناسب است و در کتاب نیز بازی‌های ساده تر به پیشرفته تر معرفی شده اند. زبان آموزان به تنهایی می‌توانند برای تقویت مهارت‌های مختلف از این کتاب استفاده کنند. به علاوه، این کتاب می‌تواند برای معلمان زبان انگلیسی و کسانی که در امر تدریس زبان انگلیسی دستی دارند، منبع کمک درسی مناسبی باشد.

کتاب شامل یک دیسک فشرده نیز می‌باشد که در آن بازی‌های مختلف وجود دارد. این بازی‌ها برای تمامی سنین و فراگیران زبانی تمامی سطوح مناسب است. در پایان، از آقای میثم محمدی و سرکار خانم سمیرا معمار که در مراحل نگارش کتاب مشارکت داشتند تشکر می‌نمایم. قابل ذکر است که بازی های موجود در دیسک فشرده بر روی برنامه‌ی فلش پلیر و به صورت بسیار آسان قابل استفاده می‌باشد و نیازی به نصب برنامه وجود ندارد.

دکتر آزاده نعمتی

نحوه انتخاب بازی

دلایل بسیاری وجود دارد که بتوان به نحوی هنگام تدریس زبان انگلیسی بازی هایی را در کلاس انجام داد. از جمله آن دلایل می تواند شادی، نشاط و افزایش خلاقیت باشد. بعلاوه بازی می تواند علاقه و توجه زبان آموز رانیز افزایش دهد.

در این کتاب بازی برای سطوح مختلف و برای تقویت مهارتهای مختلف ارائه شده است. معلمان می توانند در انتخاب بازی ها آزادانه عمل کنند و بر اساس معیار های زیر بازی های مورد نظر را در کلاس استفاده کنند.

- ✓ تعداد زبان آموزان
- ✓ نوع مخاطب (کودک، نوجوان یا بزرگسال)
- ✓ سطح کلاس – مقدماتی، متوسطه، پیشرفته
- ✓ اندازه و فضای کلاس
- ✓ علاقه زبان آموزان
- ✓ آیا اجرای بازی ها باعث سرو صدا در کلاس های مجاور می شود یا خیر
- ✓ تفاوت های فرهنگی

مزیت این بازی ها این است که نیاز به مواد کمک درسی ندارد و تنها با امکانات اولیه مانند چند صفحه کاغذ، مداد و ... می توان بازی ها را انجام داد.

معلمان بایستی در ابتدا خود از نحوه ی بازی و چگونگی آن اطلاع پیدا کنند و سپس آن را در

وقت اضافی کلاس اجرا کنند. آنان می توانند بسته به نوع سلیقه، فرهنگ و نوع کلاس کلمات را تغییر دهند. مثلاً در بازی هالوویین می توان از واژه عید نوروز به جای هالوویین استفاده کرد.

زمان بازی ها در کلاس می تواند از 15 تا 30 دقیقه اختصاص داده شود.

بازی های موجود در دیسکت نیازی به معلم یا راهنما ندارد و به صورت آسان قابل اجرا می باشد. به علاوه بازی های بر اساس مهارت های چندگانه نیز تقسیم بندی شده اند.

امید است که هم زبان آموزان و هم معلمان از اجرای این بازی ها لذت ببرند. در ادامه اسم بازی ها همراه با اطلاعات بیشتری در مورد سطح بازی ها و نوع مهارت به کار رفته در آن آورده شده است.

نام بازی / سطح	مقدماتی	متوسط	پیشرفته	نوع مهارت	نوع بازی	سبک یادگیری

English through Games

نام بازی \ سطح	مقدماتی	متوسطه	پیشرفته	نوع مهارت	نوع بازی	سبک یادگیری
چه کسی می خواهد میلیونر شود	×	×	×	شنیداری نوشتاری	دستورالعمل- حدسی- توصیفی- اجرای فرمان	فردی- گروهی- خلاقیتی- سرگرم کننده
فعالیت کلاسی با دیکشنری تصویری	×	×	×	شنیداری گفتاری	توصیفی – تخمینی- نقاشی – به یاد سپاری	گروهی – همکاری دیداری- سرگرم کننده
یکی را خارج کن	×	×		شنیداری گفتاری خواندنی	تقویت حافظه – به یادآوری	گروهی- همکاری- شنیداری
شرط بندی روی جمله	×	×		شنیداری گفتاری خواندنی	تقویت حافظه – به یادآوری- تقویت گرامر	گروهی- همکاری- دیداری- جدی
حدس اسم حیوانات به کمک حروف الفبا	×	×		شنیداری	حرکتی- توصیفی- به یادآوری	فردی – سرگرم کننده
برای تعطیلات چی میاری؟	×	×		شنیداری گفتاری خواندنی	تقویت حافظه – به یادآوری- تقویت گرامر	گروهی- همکاری- شنیداری- جدی
مسابقه به یادآوری اسامی اعضای بدن		×	×	شنیداری	حرکتی- توصیفی- به یادآوری	فردی – سرگرم کننده
سایمون می گوید...		×	×	شنیداری	حرکتی- توصیفی- به یادآوری	فردی – سرگرم کننده
کشیدن دستور عمل ها	×	×		شنیداری	حرکتی- توصیفی- به یادآوری	جفتی- سرگرم کننده- تصویری- شنیداری
یک شی را توصیف کنید	×	×		شنیداری- گفتاری	تشخیصی- حدسی	گروهی- شنیداری- سرگرم کننده- جدی

تیک تاک تو	×	×	×	شنیداری گفتاری	به یادآوری	فردی- شنیداری- جدی
2حقیقت 1دروغ		×	×	شنیداری گفتاری	توصیفی	فردی- شنیداری- جدی
فعالیت کلاسی جلاد	×	×	×	شنیداری گفتاری	نقاشی- تشخیصی	گروهی- دیداری- خلاقیتی- سرگرم کننده
حروف چینی	×	×		خواندنی	تشخیصی- ایجادی	گروهی- سرگرم کننده – خلاقیتی
ردیف ها و ستون ها	×	×	×	شنیداری گفتاری	تشخیصی	گروهی- جدی
جمله سازی با کلمات		×	×	نوشنتاری خواندنی	دستورالعمل – اجرای فرمان	گروهی- خلاقیتی- جدی
سفر دور دنیا		×	×	شنیداری گفتاری	دستورالعمل- اجرای فرمان	فردی- خلاقیتی- جدی
کشیدن یک قسمت از بدن	×	×		شنیداری نوشتاری	دستورالعمل- حدسی- توصیفی- اجرای فرمان	فردی- گروهی- خلاقیتی- سرگرم کننده
حدس بزنید داره چیکار میکنه؟	×	×	×	گفتاری	دستورالعمل- حدسی- ایجادی- اجرای فرمان	گروهی – سرگرم کننده
مرتب کردن کلمات	×	×	×	نوشتاری خواندنی	دستورالعمل- حدس- ایجاد- اجرای فرمان	فردی- گروهی- سرگرم کننده
حقیقت یا دروغ		×	×	شنیداری گفتاری	توصیفی	فردی- شنیداری- جدی
حروف ها و کلمات را به وصل کنید	×	×		شنیداری نوشتاری	دستورالعمل- حدسی- توصیفی- اجرای فرمان	فردی- گروهی- خلاقیتی- سرگرم کننده

نام بازی / سطح	**مقدماتی**	**متوسطه**	**پیشرفته**	**نوع مهارت**	**نوع بازی**	**سبک یادگیری**
کشورهای جهان	×	×		خواندنی	تشخیصی- ایجادی	گروهی- سرگرم کننده – خلاقیتی

بازی شمارش سگ و گربه	×	×	×	گفتاری	دستورالعمل- حدسی- ایجادی- اجرای فرمان	گروهی – سرگرم کننده
چند کلمه می توانید بسازید؟	×	×	×	نوشتاری خواندنی	دستورالعمل- حدس- ایجاد- اجرای فرمان	فردی- گروهی- سرگرم کننده
مسابقه پاسخگویی سریع	×	×		خواندنی	تشخیصی- ایجادی	گروهی- سرگرم کننده – خلاقیتی
مزایده آخر کلاس		×	×	گفتاری خواندنی	تشخیصی	فردی – سرگرم کننده- گروهی
صفحه شرح های جالب در تصاویر		×	×	گفتاری خواندنی	تشخیصی	فردی – سرگرم کننده- گروهی
بازی اسم فامیل	×	×		خواندنی	تشخیصی- ایجادی	گروهی- سرگرم کننده – خلاقیتی
کلماتی که معنای متضاد دارند را با هم جفت کنید	×	×	×	نوشتاری خواندنی	دستورالعمل- حدس- ایجاد- اجرای فرمان	فردی- گروهی- سرگرم کننده
صفحه مرور فیلم ها		×	×	گفتاری خواندنی دیداری	تشخیصی	فردی – سرگرم کننده- گروهی
اسم حیوانات بر اساس حروف الفبا	×	×		خواندنی	تشخیصی- ایجادی	گروهی- سرگرم کننده – خلاقیتی
بازی خوراکی بینگو مخصوص بچه ها		×	×	گفتاری	ایجادی	جفتی- سرگرم کننده
کسی را پیدا کن که ...		×	×	گفتاری	ایجادی	جفتی- سرگرم کننده
اسم فامیل الفبا	×	×	×	نوشتاری خواندنی	دستورالعمل- حدس- ایجاد- اجرای فرمان	فردی- گروهی- سرگرم کننده

نام بازی / سطح	مقدماتی	متوسطه	پیشرفته	نوع مهارت	نوع بازی	سبک یادگیری
کلمات مشابه را جفت کنید		×	×	گفتاری	ایجادی	جفتی- سرگرم کننده
سفر و تعطیلات	×	×	×	نوشتاری خواندنی	دستورالعمل- حدس- ایجاد- اجرای فرمان	فردی- گروهی- سرگرم کننده

مصاحبه شغلی	×	×	×	نوشتاری گفتاری خواندنی	تشخیصی	فردی- دیداری- جدی
نام کشور ها بر اساس حروف الفبا	×	×	×	خواندنی	به یادآدوری	فردی – سرگرم کننده
مسابقه تکمیل جمله	×	×	×	نوشتاری گفتاری خواندنی	تشخیصی	فردی- دیداری- جدی
مسابقه اسامی کشورها		×	×	نوشتاری گفتاری خواندنی	ایجادی	فردی- جدی
مسابقه پول		×	×	نوشتاری گفتاری خواندنی	ایجادی	فردی- جدی- سرگرم کننده
مسابقه علمی مخصوص بچه ها		×	×	نوشتاری گفتاری خواندنی	ایجادی	فردی- جدی
امتحان جغرافی مخصوص بچه ها		×	×	نوشتاری گفتاری خواندنی	ایجادی	فردی- جدی
جک هایی در زبان انگلیسی	×	×	×	خواندنی	به یادآدوری	فردی – سرگرم کننده

نام بازی / سطح	مقدماتی	متوسطه	پیشرفته	نوع مهارت	نوع بازی	سبک یادگیری
کلمات به هم ریخته بامزه		×	×	خواندنی	تشخیصی	فردی – سرگرم کننده
جناس قلب را بیاموزید		×	×	خواندنی	تشخیصی	فردی – سرگرم کننده- گروهی
معماهای سرگرم کننده		×	×	خواندنی	تشخیصی	فردی – سرگرم کننده- گروهی

نام بازی	مقدماتی	متوسطه	پیشرفته	نوع مهارت	نوع بازی	سبک یادگیری
واقعیت هایی درمورد زبان انگلیسی		×	×	خواندنی	تشخیصی	فردی – سرگرم کننده- گروهی
لطیفه های درمورد هالووین مخصوص بچه		×	×	خواندنی	تشخیصی	گروهی
بازی با کلمات (ایهام)		×	×	خواندنی	تشخیصی	فردی – سرگرم کننده- گروهی
اصطلاحات انگلیسی		×	×	خواندنی	تشخیصی	فردی – سرگرم کننده- گروهی
مثال های متضاد		×	×	گفتاری خواندنی	تشخیصی	فردی – سرگرم کننده- گروهی
تکرار سریع جملات مخصوص بچه ها	×	×	×	خواندنی	تشخیصی	گروهی- فردی- سرگرم کننده
کلمات انگلیسی جالب		×	×	خواندنی	تشخیصی	گروهی- فردی- سرگرم کننده
پازل جستجوی کلمات سال نو		×	×	خواندنی نوشتاری	تشخیصی- حدس زدن	فردی- گروهی- دیداری- سرگرم کننده
کلمات به هم ریخته عید پاک	×	×	×	خواندنی نوشتاری گفتاری	تشخیصی- حدس زدن	فردی- گروهی- دیداری- سرگرم کننده
بازی زنجیره ای جملات شرطی		×	×	گفتاری	تشخیصی – توصیفی	فردی- گروهی- دیداری

نام بازی / سطح	مقدماتی	متوسطه	پیشرفته	نوع مهارت	نوع بازی	سبک یادگیری
داستان سازی باکنار هم گذاشتن کلمات		×	×	گفتاری شنیداری	تشخیصی	گروهی- دیداری- شنیداری- جدی
نقاشی زنجیره ای	×	×	×	شنیداری	دستورالعمل – ایجادی	گروهی – شنیداری
موضوعاتی برای گپ زدن		×	×	گفتاری	ایجادی	گروهی – جدی

شغل من چیه؟	×	×	×	گفتاری شنیداری	توصیفی	گروهی – جدی
چه فکری در سر من است؟		×	×	گفتاری شنیداری	توصیفی	گروهی – جدی- شنیداری
به صف بایستید	×	×	×	خواندنی	به یادآوری	فردی – سرگرم کننده
موضوع صحبت		×	×	نوشتاری گفتاری	ایجادی	گروهی- جفتی- جدی
مارهای کلمه ای	×	×	×	گفتاری شنیداری	ایجادی	گروهی- سرگرم کننده- جفتی
نقاشی با دستورالعمل	×	×	×	شنیداری نوشتاری	ایجادی- دستورالعمل	فردی- سرگرم کننده- گروهی
توپ را پاس دهید	×	×	×	شنیداری	دستورالعمل- توصیفی	گروهی- سرگرم کننده – لمسی
اشیاء مخفی		×	×	شنیداری گفتاری	دستورالعمل- توصیفی	گروهی- سرگرم کننده
درست یا غلط؟ راست یا چپ		×	×	شنیداری گفتاری	دستورالعمل	گروهی- جفتی- جدی
دیکته مسابقه اسب دوانی			×	نوشتاری گفتاری	دستورالعمل- ایجادی	گروهی – جدی

نام بازی / سطح	مقدماتی	متوسطه	پیشرفته	نوع مهارت	نوع بازی	سبک یادگیری
مزایده دستور زبان		×	×	گفتاری شنیداری	دستورالعمل- ایجادی	جفتی - جدی
خطوط تلفن		×	×	گفتاری	ایجادی	جفتی – جدی
تالار گفتگو		×	×	گفتاری	ایجادی	جفتی- سرگرم کننده
بازی فنجان قهوه		×	×	گفتاری	دستورالعمل- ایجادی	جفتی- سرگرم کننده

بازی بله و خیر		×	×	گفتاری	ایجادی	جفتی- سرگرم کننده
بازی های دوکلمه ای		×		گفتاری شنیداری	دستورالعمل- ایجادی	جفتی- سرگرم کننده- گروهی
توالی استاندارد		×	×	گفتاری	دستورالعمل- ایجادی	جفتی- سرگرم کننده
جواب قبلی را بگو		×	×	گفتاری	دستورالعمل- ایجادی	جفتی- سرگرم کننده- گروهی
نمودار شادی		×	×	گفتاری شنیداری	دستورالعمل- ایجادی	جفتی- سرگرم کننده- گروهی
کنفرانس مطبوعاتی		×	×	گفتاری شنیداری نوشتاری	دستورالعمل- ایجادی	جفتی- سرگرم کننده- گروهی
من به خرید رفتم	×	×	×	گفتاری شنیداری	ایجادی	جفتی- سرگرم کننده- گروهی
صندلی داغ	×	×	×	گفتاری شنیداری خواندنی	ایجادی	جفتی- سرگرم کننده- گروهی

Who wants to be a millionaire?

چه کسی می‌خواهد میلیونر شود؟

احتمالا از عنوان حدس می‌زنید که این فعالیت برای آموزش زبان انگلیسی به چه منظور طراحی شده است.

کلاستان را به چند گروه تقسیم کنید (مانند 4 گروه 10 نفره) و بعد از آنها بخواهید به نوبت به سوالات صحیح و غلط پاسخ دهند تا زمانی که تصمیم بگیرند به بازی خاتمه دهند و پولشان را در بانک بگذارند یا اینکه سوالی را اشتباه جواب دهند و همه امتیازاتشان را از دست بدهند.

اگر یک کلاس 40 نفره (10×4) دارید پس جدول جوایز نقدی زیر را روی وایت برد بنویسید (اگر کلاس 32 نفره است، 50□ و 500000□ را حذف کنید).

English through Games

☐ 0
☐ 500
☐ 1000
☐ 5000
☐ 10000
☐ 25000
☐ 50000
☐ 100000
☐ 250000
☐ 500000
☐ 1000000

از اولین دانش آموز سوالی بپرسید (معمولا خیلی آسان) و اگر درست جواب داد به سراغ دومین دانش آموز در گروه بروید و ببینید آیا می‌خواهند به بازی ادامه دهند یا اینکه پولشان را پس انداز کنند. سوالاتی که پرسیده می‌شود کم کم سخت تر می‌شوند اما در کل همه سوالات نسبتا آسان هستند. (بازی به این شکل لذت بخش‌تر است و به علاوه آنها به صورت 50/50 تقسیم شده‌اند پس همیشه یک شانس دارند.) وقتی سوالات مطرح می‌شوند، آنها اجازه ندارند از دانش آموزان دیگر کوچکترین کمکی بگیرند.

تعدادی از سوالاتی که در کلاس آموزش زبان به کار می‌رود در ادامه آورده شده:

- Doraemon has no ears – True
- There were 5 members of the Beatles – False
- Anpanman's weakness is water – True
- I have four arms – False
- We live on the moon – False
- The sun is hot – True

حدود 50 سوال آماده شده است، اما اگر در طول درس تمام می‌شدند، طرح چند سوال فی البداهه کار سختی نیست.

برای اینکه به لذت بازی اضافه کنید، به آنها دو راه نجات بدهید که می‌توانند در طول نوبت گروهشان در هر مرحله‌ای از آنها استفاده کنند. مثلا: به یک دوست زنگ بزنند – به کس دیگری در گروه زنگ بزنند و کمک بخواهند. (برای سرگرمی بیشتر اجازه دهید که وانمود کنند واقعا با کسی تلفنی صحبت می‌کنند.)

اجازه دهید گروه با گفتگو بهترین جواب را پیدا کنند.

English through Games

به این شکل اساسا کار فیصله می‌یابد. با 4 گروه هر دور بازی حدودا 15 دقیقه طول می‌کشد. حساب کنید هر گروه چقدر پول پس انداز کرده. امتیازات را جمع کنید تا گروه برنده مشخص شود.

Classroom Pictionary activity

فعالیت کلاسی با دیکشنری تصویری

بازی با دیکشنری تصویری یک بازی فوق العاده است که به عنوان فعالیتی برای آموزش زبان انگلیسی بسیار مناسب است. این فعالیت را می‌توان به شیوه‌های متفاوت انجام داد.

4 مجموعه شامل 10 کارت تهیه کنید (اگر احساس می‌کنید 10 کارت زیاد است 4 مجموعه شامل 5 کارت تهیه کنید.) مجموعه اول را به لغت آسان، مجموعه دوم را به لغت‌های متوسط، مجموعه سوم را به لغت‌های دشوار و مجموعه چهارم را به لغت‌های بسیار دشوار اختصاص دهید. با توجه به سطح دانش آموزتان به انتخاب خود کلماتی را روی این کارت‌ها بنویسید.

میتوان از اسم اشیاء برای گروه‌های آسان تر استفاده کرد و برای گروه‌های سخت تر فعل و صفت به کار برد.

در ادامه نمونه کلماتی را خواهید دید:

Easy: book, car, tree
Medium: movie, snow, light
Difficult: open, shout, slow
Very difficult: surprise, clean, throw

کلاس را به 4 یا 5 گروه تقسیم کنید، و از میان اعضای اولین گروه دانش آموزی را صدا کنید تا یک مجموعه را انتخاب کند. بین 1 تا 4 امتیاز به آنها بدهید، به این ترتیب که برای هر تصویر درست از مجموعه کلمات آسان یک امتیاز در نظر بگیرید و برای هر تصویر درست از مجموعه کلمات بسیار دشوار 4 امتیاز در نظر بگیرید.

وقتی که دانش آموز کلمه مورد نظر را دید یک دقیقه فرصت دارد که آن را روی تخته سیاه بکشد. بخاطر داشته باشید که قوانین بازی را رعایت کنید و هیچ سرنخ شفاهی به آنها ندهید یا با

کشیدن حرفی یا شماره‌ای راهنماییشان نکنید. بقیه اعضای تیم باید تلاش کنند که کلمه مورد نظر را حدس بزنند. (در حالی که دیگر گروه‌ها ساکت هستند)

English through Games

این فرایند را در گروه‌های دیگر نیز به کار ببندید و در عین حال امتیازاتشان را محاسبه کنید. برای اینکه تنوع بیشتری به کار ببخشید اگر گروه اصلی در ظرف یک دقیقه نتوانستند کلمه صحیح را حدس بزنند به گروه‌های دیگر اجازه دهید در بازی شرکت کنند. این شانس را به آنها بدهید تا گوی میدان را از یکدیگر بربایند.

Odd one out
یکی را خارج کن

تشخیص کلمه متفاوت یک فعالیت کلاسی جالب برای آموزش زبان انگلیسی است. این بازی شبیه بازی دانش آموزان باید به سوالات است با این تفاوت که در بازی ردیف‌ها و ستون‌ها ردیف‌ها و ستون‌ها استاندارد جواب دهند، ولی در این بازی دانش آموزان از بین 4 کلمه انگلیسی، کلمه‌ای را که با 3 کلمه دیگر متفاوت است مشخص می‌کنند.

از دانش آموزان بخواهید که بایستند و یکی را به عنوان اولین نفر انتخاب کنید.(یا می‌توانید از میان داوطلبان کسی را انتخاب کنید)

آنها باید به دقت به کلمه‌ها گوش کنند و کلمه متفاوت را انتخاب کنند. اگر دانش آموز پاسخ صحیح داد بعد می‌تواند تصمیم بگیرد که دانش آموزانی که در ردیف یا ستون او ایستاده اند همراه او بنشینند و اگر پاسخ اشتباه داد هیچکس نمی‌نشیند. بازی را تا زمانی که همه بنشینند ادامه دهید.اگر دانش آموزان شما زبان انگلیسی شان قوی است و یا پیدا کردن جواب صحیح برای آنان آسان است و یا اینکه می‌خواهید آنها را بیشتر به چالش بکشید، از آنها بخواهید که علاوه بر پاسخ صحیح دلیل انتخابشان را هم توضیح دهند.

در اینجا تعدادی سوال آورده شده که ممکن است بخواهید به کار ببرید:

John, Steve, Mattew, Kate-Answer: Kate (because it's a girl's name)
Brother, Mother, Friend, Daughter-Answer: Friend (because they aren't family)
Summer, winter, spring, March-Answer: March (because it's a month not a season)
Tokyo, Sydney, New York, Brazil-Answer: Brazil (because it's a country not a city)

گاهی ممکن است بیش از یک جواب مناسب وجود داشته باشد که شما به آن فکر نکرده اید، بنابراین جواب‌های متفاوت را به این شرط که دانش آموز توضیح مناسبی برای آن داشته باشد بپذیرید.

Sentence betting
شرط‌بندی روی جمله

شرط بندی روی جمله‌ها یک فعالیت کلاسی جالب برای آموزش زبان انگلیسی است که مطمئنا دانش آموزان از آن لذت خواهند برد.

بازی چنین شروع می‌شود که دانش آموزان جملات انگلیسی که روی وایت برد یا تخته سیاه نوشته شده را می‌خوانند و روی جمله‌هایی که فکر می‌کنند درست است یا غلط با پول‌های تقلبی شان شرط بندی می‌کنند.

کلاس را به گروه‌های 3 یا 4 نفره تقسیم کنید و به هر تیم مقدار مشخصی پول جعلی بدهید، شما می‌توانید جمع امتیازات آنها را روی تخته بنویسید بدون اینکه به پول‌های جعلی نیاز داشته باشید، اما اگر از یک شی فیزیکی مثل پول تقلبی برای شرط بندی استفاده کنید، هیجان بیشتری به بازی می بخشید.

به هر تیم یک تکه کاغذ بدهید و اولین جمله را روی تخته بنویسید. در اینجا چند مثال آورده شده.

Correct: I want to buy a new computer.
Incorrect: Yesterday I will go to the library.
Correct: I love playing basketball after school.
Incorrect: You're photo is beautiful.

قبل از اینکه نرخ شرط بندی شان را روی کاغذ بنویسند، به آنها یک دقیقه فرصت دهید تا اعضای گروه با هم مشورت کنند. به آنها بگویید اگر راجع به جمله‌ای مطمئن نیستند باید پول کمتری شرط بندی کنند. همچنین ایده‌ی خوبی است که برای شرط بندی سقفی تعیین کنیم مثلا نصف پولی که در اختیار دارند، بنابراین همه‌ی پولشان را از دست نخواهند داد. مثلا اگر به هر تیم 10000 دلار داده ایم، سقف شرط بندی آنها 5000 دلار است. برای نمونه یک شرط بندی به

این شکل است:

Correct sentence: $5000
OR
Incorrect sentence: $3000

کاغذها را جمع کنید، پول پرندگان را بین آنها تقسیم کنید. هر چند دور که دوست دارید بازی را ادامه دهید. در آخر از هر تیم بخواهید که امتیازاتشان را جمع کنند و ببینید که کدام تیم بیشترین امتیاز را بدست آورده. شما می‌توانید امتیازات را در طول بازی روی تخته سیاه ثبت کنید.

Animal/ Alphabet Relay

حدس اسم حیوانات به کمک حروف الفبا

با این فعالیت کلاسی جالب، دانش آموزان را بسنجید و ببینید تا چه اندازه با اسم انگلیسی حیوانات آشنا هستند. با نوشتن حروف الفبا روی تخته شروع کنید و کلاس را به گروه‌های 4 یا 6 نفره تقسیم کنید. برای آنها توضیح دهید که یک نفر از اعضای گروه پای تخته می‌آید و اسم حیوان را در نظر می‌گیرد و حرف اول آن اسم را روی تخته پاک می‌کند. مثلا اگر کلمه‌ی مورد نظر آنها Tiger باشد حرف T را پاک کند و اسم بقیه‌ی حیوانات که با T شروع می‌شود مثل (Turtle) قابل قبول نیست. بعد از حدس کلمه‌ی مورد نظر، عضوی از تیم بعدی می‌آید و بازی به همین روال ادامه پیدا می کند تا جاییکه یک گروه با حروف باقیمانده نتوانند اسم حیوانی را در نظر بگیرند. آخرین تیمی که باقی می‌ماند برنده است.

مطمئن شوید که بیشتر دانش آموزان پای تخته بیایند و اسم حیوان را بگویند و مراقب دانش آموزان دیگر باشید تا از کتاب‌ها یا منابع دیگر استفاده نکنند و بی عدالتی صورت نگیرد.

برای سرعت بخشیدن به بازی به دانش آموزان اجازه دهید که 2 حرف از هر اسم را پاک کنند که مطمئنا این کار بازی را برای گروه‌های بعدی سخت تر می‌کند.

English through Games

What will you bring on vacation?
برای تعطیلات چی میاری؟

بازی □ برای تعطیلات چی میاری؟□ یک فعالیت کلاسی جالب است که همزمان دانش زبان انگلیسی دانش آموزان و مهارت آنها در حل مشکلات را به چالش می‌کشد.

به دانش آموزان بگویید که به تعطیلاتی درخور توجه به مقصد مورد نظرتان می‌روید(هاوایی، برزیل، فرانسه یا هر جایی که به نظر شما بهتر است).

شما یک وسیله مهم با خود به این سفر می‌برید و دانش آموزان باید تشخیص دهند که چرا باید این وسیله را به سفر بیاورید؟! بعد آنها می‌توانند در این تعطیلات عالی به شما ملحق شوند.

تمام وسایلی که گفته می‌شود باید بر اساس معیاری که شما از قبل در نظر گرفته اید با هم مرتبط باشند، بنابراین معیار را با دانش آموزان در میان نگذارید. مثلا شما تصمیم می‌گیرید همه‌ی دانش آموزانی که لوازم ورزشی با خود می‌آورند، می‌توانند به تعطیلات بیایند و می‌گویید:□من یک توپ فوتبال با خود می‌آورم، شما چه چیزی می‌آورید؟□. اگر یکی از بچه‌ها بگوید:(من کتاب می‌آورم)، متاسفانه نمی تواند بیاید ولی اگر بگوید:(من راکت تنیس می‌آورم) بعد می‌تواند به شما ملحق شود.

وقتی که شما به دانش آموزان می‌گویید که چه وسیله‌ای با خود می‌آورید، نوبت اولین دانش آموز است که وسیله‌ی مورد نظر بعدی را حدس بزند.

از آنها بخواهید که از جایشان بلند شوند و وقتی که وسیله قابل قبولی انتخاب کردند به آنها اجازه دهید بنشینند.

احتمالا مدتی طول می‌کشد که آنها معیار بازی را تشخیص دهند، اما اگر با دقت گوش کنند سرانجام در می‌یابند که وسیله‌ی قابل قبول چیست؟

اولین دور بازی را آسان بگیرید تا قلق بازی دستشان بیاید و بعد سطح آنها را دشوارتر کنید. اگر تعداد دانش آموزان زیاد باشد به آنها اجازه دهید تا 1 یا 2 دوست خود را به تعطیلات

بیاورند(یعنی با آنها بنشینند) این کار به بازی سرعت می‌بخشد.

در اینجا چند مثال برای شما آورده شده:

Object has to be a type of food-Acceptable objects includes bread, banana, pasta, pizza, ice cream, egg, sushi, etc.

Object has to use power: Acceptable objects include computer, IPod, TV, hair straightened, microwave, etc.

Object has to be small-Acceptable objects include key, pen, pencil, ring, pin, coin, etc.

Object has to have four letters-Acceptable objects include book, shoe, star, desk, seat, rice, milk, etc.

English through Games

Parts of the body memory race
مسابقه به یاد آوری اسامی اعضای بدن

این فعالیت کلاسی جالب راهی است برای تقویت نام اعضای مختلف بدن در ذهن دانش آموزانی که زبان انگلیسی می‌خوانند.

کلاس را آنگونه که مناسب می‌دانید به دو صف تقسیم کنید، مثلا بر اساس نام خانوادگی یا پسر و دختر بودنشان، بزرگتر و کوچکتر بودن و یا خیلی ساده کسانی که سمت راست کلاس هستند در یک صف و کسانی که سمت چپ کلاس نشسته اند در صف دیگر بایستند.

دانش آموزانی که اول صفها ایستاده اند باید به دقت حرکات شما و اینکه به کدام قسمت بدن اشاره می‌کنید زیر نظر بگیرند. این عضو می‌تواند پای شما، دست‌ها، گوش‌ها، دهان، بینی، آرنج، انگشتان، دندان‌ها، شانه‌ها، زانوها و ... باشند.

دانش آموزی که پاسخ صحیح می‌دهد به پشت نیمکت خود بر می‌گردد و دانش آموزی که پاسخ اشتباه می‌دهد به آخر صف می‌رود.

بازی را تا زمانیکه تمام اعضای یک تیم پشت نیمکت‌های خود بنشینند ادامه دهید، این گروه برنده هستند. برای اینکه بازی عادلانه باشد، مراقب باشید که دانش آموزان دیگر ساکت باشند، به هر کدام فقط یک شانس برای حدس زدن بدهید و بازی را بیش از یک بار انجام دهید تا به گروه بازنده شانسی برای پیشرفت داده باشید. حتی می‌توانید یک سیستم امتیازگذاری جدید ارائه دهید، مثلا جایی که امتیازات یک گروه برابر با تعداد دانش آموزان باقیمانده در گروه دیگر باشد، آن گروه برنده است.

Simon Says...

سایمون می‌گوید...

این یک بازی قدیمی است که به عنوان یک فعالیت کلاسی برای دانش آموزان زبان انگلیسی بسیار موثر واقع می‌شود.

از دانش آموزان بخواهید که به دستور عمل‌های شما گوش کنند، همچنین می‌توانند حرکات شما را دنبال کنند، اما در بعضی مراحل ممکن است شما آنها را امتحان کنید و فریب دهید، بنابراین باید بسیار دقت کنند که گیر نیفتند.

از آنها بخواهید از جایشان بلند شوند و بازی را شروع کنید مثلا می‌توانید اینگونه شروع کنید:

(Simon says: hand on head)

در حالیکه دستتان را روی سرتان می‌گذارید.

دانش آموزان باید دستور عمل شما را دنبال کنند و فورا دستشان را روی سرشان بگذارند. اگر آنها درست عمل نکردند یا اینکه عملکردشان خیلی کند بود از بازی حذف می‌شوند و باید بنشینند.(احتمالا در اولین دور می‌توانید با دانش آموزانی که اشتباه می‌کنند مدارا کنید.)

بازی را با بقیه دانش آموزان ادامه دهید و کم کم سرعت بازی را زیاد کنید تا آنها را گیر بیندازید، در هر موردی می‌توانید آنها را امتحان کنید و فریب دهید مثلا بگویید:

(Simon says: hands on ears)

در حالیکه دستتان را روی شانه تان می‌گذارید.

این یک فعالیت ساده و سریع است که در تقویت مهارت‌های شنیداری بسیار موثر است و همچنین برای دانش آموزان کم سن و سال که به جنب و جوش علاقه دارند بسیار مهیج است.

English through Games

Drawing Instructions
کشیدن دستور عمل‌ها

این فعالیت کلاسی جالب سطح دانش آموزان شما در دستور دادن به زبان انگلیسی را می‌سنجد. هدف بازی این است که یکی از دانش آموزان یک تصویر ساده یا مجموعه‌ای از اشکال را توصیف کند و دانش آموز دیگری طبق آن توصیف‌ها، آن تصویر را روی تخته بکشد بدون اینکه به تصویر اصلی نگاه کند. یعنی آنها باید به دقت به دستور عمل‌هایی که دانش آموز دیگر می‌دهد گوش کنند و بکشند.

شما می‌توانید کلاس را به گروه‌های 2 نفره تقسیم کنید و از آنها بخواهید که هم زمان همه این فعالیت را انجام دهند. به عقیده من این بازی به عنوان یک فعالیت سریع موثر واقع می‌شود، زمانیکه درسی را که همه با هم از آن لذت می‌برند شروع کنید.

بازی را با 2 داوطلب شروع کنید، یک نفر دستور بدهد و یک نفر هم تصویر را بکشد. وقتی که تصویر مورد نظر را به کلاس نشان می‌دهید، از آن دانش آموز بخواهید که رو به تخته بایستد.

فکر خوبی است که بازی را با یک تصویر ساده مثل اشکال درهم شروع کنید تا یک صحنه‌ی پیچیده که حتی توصیف کردنش هم مشکل است چه برسد به کشیدنش.

بعد نوبت دانش آموز دیگر است که به زبان انگلیسی دستور بدهد، مثل:

Draw a large circle.
Draw a small square inside the circle.
Draw a horizontal line that touches both sides of the circle.

تماشا کردن این کار برای دانش آموزان دیگر جالب است، مخصوصا وقتی که شکل روی تخته شبیه تصویر مورد نظر نیست. قبل از اینکه تصویر روی تخته را با تصویر اصلی مقایسه کنید، چند دقیقه به داوطلبان فرصت دهید تا تصویر را کامل کنند.

2 تصویر چقدر به هم شبیه اند؟ چه دستور عمل‌های دیگر می‌توانست در کشیدن تصویر درست موثر واقع شود؟ چند داوطلب جدید پیدا کنید تا تصویر بعدی را بکشند و به همین روال بازی را ادامه دهید.

Describe an object
یک شی را توصیف کنید

از این فعالیت کلاسی جالب برای آموزش زبان انگلیسی لذت ببرید و به دانش آموزان کمک کنید که در به کار بردن صفت‌های مهم انگلیسی مهارت پیدا کنند. دانش آموزان باید شی را به صورت تصادفی انتخاب کنند و آن را توصیف کنند و مراقب باشند که در ضمن توصیف نام آن شی را نبرند.

قبل از اینکه بازی را شروع کنید، باید چند کاغذ کوچک آماده کنید و روی هر کدام اسم شی را بنویسید. هر نوع شی می‌توانید انتخاب کنید، اما خوب است که کاغذها را به 3 دسته تقسیم کنید، مثلا آسان(1 امتیاز)، متوسط(2 امتیاز)، سخت(3 امتیاز).

کلاس را به چند گروه تقسیم کنید و از دانش آموزی بخواهید بین آسان، متوسط و سخت یکی را انتخاب کند.

حدودا 30 ثانیه به آنها فرصت دهید تا شی مورد نظر را برای گروهشان توصیف کند(فقط با استفاده از کلمات، نه ایما و اشاره)، بدون اینکه اسم آن را بگویند.(در این مدت گروه‌های دیگر ساکت هستند). اگرآنها اسم شی را ضمن توصیف آن به زبان آوردند یا اینکه گروه موفق نشد پاسخ صحیح بدهد، امتیازی نمی‌گیرند، اما اگر گروه اسم شی را حدس زد، بر اساس ارزشی که برای آن شی تعیین کرده ایم امتیاز می‌گیرند. بازی را به همین شکل با تیم‌های دیگر ادامه دهید و امتیازاتشان را ثبت کنید و ببینید کدام گروه برنده می‌شود.وقتی گروه اصلی در 30 ثانیه موفق نشد اسم شی را حدس بزند، به گروه‌های دیگر اجازه دهید که در بازی شرکت کنند و این شانس را به آنها بدهید که امتیاز بیشتری کسب کنند.

اگر از نظر دانش آموزان این روش ساده است، می‌توانید کلماتی که اجازه ندارند در توصیف شی به کار ببرند را نیز در کاغذها بنویسید.

در اینجا اسم چند شی آورده شده که می‌توانید به کار ببرید:

Ball- Can't use round, bounce or sport
Food- Can't use eats, delicious or snack
Computer- Can't use keyboard, screen or internet
Money- Can't use cash, coins, credit

House- Can't use home, roof or room

Pen- Can't use write, ink or pencil

Sun- Can't use big, hot or sky

Moon- Can't use night, bright or light

Mountain- Can't use climb, big or hill

Window- Can't use glass, wall or look

Car- Can't use drive, wheel or license

Shoe- Can't use feet, socks or toes

Tree- Can't use leaves, nature or roots

Tic Tac Toe
تیک تاک تو

اگر به دنبال یک فعالیت ساده برای لحظه‌های پایانی کلاستان هستید که هم زمان مطالبی که دانش آموزان قبلا در کلاس آموخته اند را در ذهنشان تقویت کنید پس این بازی جالب را امتحان کنید.

یک جدول بزرگ چهار خانه روی تخته بکشید و برای دانش آموزان توضیح دهید که این همان بازی قدیمی است اما بین شما و دانش آموزان، با این تفاوت که در این نسخه جدید بازی، نوبت‌های متناوب وجود ندارد، در عوض شما از دانش آموزان سوالاتی می‌پرسید که به آنچه قبلا آموخته اند مربوط است.

اگر آنها پاسخ صحیح دهند که یک "O" می‌کشند و اگر اشتباه کنند یک "X" می‌کشند.

از تعدادی از دانش آموزان سوال کنید تا زمانیکه آنها یا شما X یا Oهای متوالی داشته باشید.

فعالیت ساده‌ای است، اما برای تمام کردن کلاس راه جالبی است، مخصوصا اگر دانش آموزان برنده شوند.

English through Games

Two truths and a lie
2 حقیقت 1 دروغ

این فعالیت ساده به دانش آموزان کمک می‌کند که کمی بیشتر با هم آشنا شوند و در عین حال زبان انگلیسی آنان را نیز تقویت می‌کند.

به دانش آموزان فرصت دهید که به 2 حقیقت و 1 دروغ در رابطه با خودشان فکر کنند، با این هدف که همکلاسی‌های آنها وقتی متوجه گزینه دروغ می‌شوند متعجب می‌گردند.

فکر کردن به حقایقی که همکلاسیانشان را فریب بدهد یا متعجب کند، بازی را مهیج تر می‌کند و باعث می‌شود که آنها نیز خلاق تر شوند.

گزینه‌های بی شماری وجود دارد اما در جا چند مثال آورده شده:

I have two sisters.

I can't swim.

I am a black belt in karate.

My favorite food is chocolate.

I am taller than my dad.

I have never been skiing.

مرحله بعدی می‌تواند با شرکت همه‌ی بچه‌های کلاس انجام شود و یا اینکه کلاس را به گروه‌های 6 نفره تقسیم کنید. اولین دانش آموز 2 حقیقت و 1 دروغ می‌گوید (به هر ترتیبی که بخواهد) و بقیه دانش آموزان گوش می‌کنند و حدس می‌زنند که کدام یک دروغ است.(معمولا دست خود را بلند می کنند)

به هر یک از دانش آموزان یک نوبت بدهید و اگر بخواهید می‌توانید یک دور دیگر بازی کنید، حالا که قلق بازی دستشان آمده، این فرصت را به آنها بدهید که به ایده‌های خلاقانه تری فکر کنند.

Hangman English Activity
فعالیت کلاسی جلاد

این فعالیت یک بازی قدیمی اما خوب که در زمان‌های کوتاه میتوان از آن استفاده کرد و فرصتی است برای دانش آموزان که حین یادگیری انگلیسی، کلمات کلیدی در ذهنشان تقویت شود.

کلمه‌ای انتخاب کنید و به تعداد حروف تشکیل دهنده‌ی آن خط‌هایی روی تخته بکشید، از دانش آموزی بخواهید یک حرف را حدس بزند، اگر درست حدس زد آن حرف را در جایگاه مخصوصش بنویسید و اگر اشتباه کرد یک قسمت دیگر از تصویر جلاد را بکشید.

سوال و جواب را ادامه دهید تا زمانیکه دانش آموزان کلمه مورد نظر را حدس بزنند و یا تصویر جلاد کامل شود. اگر آنها موفق شدند کلمه صحیح را حدس بزنند دانش آموزان برنده می‌شوند و اگر تصویر جلاد کامل شد پس شما برنده هستید. بازی ساده اما مهیج است.

اگر تصویر جلاد کمی خشن است، شما مختارید که تصویر مناسب تری را انتخاب کنید، من تصویر بالون را انتخاب کردم که اگر آنها پاسخ اشتباه می‌دادند طناب‌هایش پاک می‌شد و به هوا می‌رفت، این تصویر نیز موثر واقع شد.

از این فعالیت کلاسی برای آموزش زبان انگلیسی و دیگر بازی‌ها و تمرینات کتبی و امتحان‌های کوتاه و نمایش‌های تصویری لذت ببرید.

English through Games

Classroom Scrabble Activity
حروف چینی

این فعالیت کلاسی بر اساس بازی قدیمی حروف چینی است، وقتی که مهره‌ها را ساختید این بازی برای آموزش زبان انگلیسی واقعا ساده و مهیج است.

حدود 100 قطعه کاغذ آماده کنید (مربع‌های کاغذی 7 سانتی متر در 7 سانتی متر و به هر دانش آموز یکی بدهید) و حروف انگلیسی و امتیاز هر حرف را روی آنها بنویسید.

0 points: Blank tiles×15(normally only×4)
1 point: E×12, A×9, O×8, N×6, R×6, T×6, L×4, S×4, U×4
2 points: D×4, G×3
3 points: B×2, C×2, M×2, P×2
4 points: F×2, H×2, V×2, W×2, Y×2
5 points: K×1
8 points: J×1, X×1
10 points: Q×1, Z×1

دانش آموزان را به گروه‌های 8 یا 10 نفره تقسیم کنید و به هر کدام یک مربع که حرفی روی آن نوشته شده بود بدهید، آنها باید از مربع‌ها استفاده کنند تا کلمه‌ای بسازند(فقط 1 کلمه). کلمه‌ای که بیشترین امتیاز را داشته باشد(مثلا 15 = 8 + 1 + 2 + 3 + 1، بیشترین امتیاز بر اساس معیار شما).به آنها چند دقیقه فرصت دهید تا کلمه را بسازند(امتیازاتشان را روی تخته ثبت کنید).

بعد از هر دور مربع‌ها را از آنها بگیرید و مربع‌های جدید به آنها بدهید، مثلا اگر کلمه‌ای که ساخته بودند CAT بود، 5=1+1+3 امتیاز می‌گیرند.

آنها می‌توانند در هر مرحله از بازی همه‌ی مربع‌هایشان را عوض کنند، البته این جنبه‌ی منفی را نیز دارد که برای آن دور هیچ امتیازی نمی‌گیرند(معمولا ارزشش را ندارد ولی اگر آنها از حروفی که در اختیار دارند ناراضی هستند و نمی‌توانند کلمه‌ای بسازند، این حق را دارند که مربع‌هایشان را عوض کنند) میتوان امتیاز مرحله دوم به بعد را 2 برابر و امتیاز مرحله آخر را 3 برابر کنید.

Rows and Columns

ردیف‌ها و ستون‌ها

ردیف‌ها و ستون‌ها یک فعالیت مفید برای آموزش زبان انگلیسی است که به چندین روش متفاوت انجام می‌شود، که این روش‌ها به تعداد دانش آموزان، سطح دانش زبان انگلیسی آنها و نوع سوالاتی که می‌پرسید بستگی دارد.

از این بازی در موارد مختلف می‌توانید استفاده کنید از جمله برای دوره کردن مطالبی که در درس های گذشته آموخته اند، تقویت طرح‌های کلیدی یا فقط به عنوان فعالیتی جالب که وقت باقیمانده آخر کلاس را پر کند.

از همه دانش آموزان بخواهید که بلند شوند و از یکی از آنها اولین سوال را بپرسید(یا اگر کسی داوطلب است از او بپرسید)، سوالاتی که می‌پرسید می‌تواند صحیح و غلط باشد، سوال چند گزینه‌ای و یا هر چیزی که به مطالبی که اخیرا خوانده اید مربوط باشد.

اگر پاسخ صحیح داد باید بین کسانی که هم ردیف او ایستاده اند و کسانی که با او در یک ستون ایستاده اند، یک گروه را انتخاب کند تا با او بنشینند.

همیشه این موضوع که ان شخص با انتخاب خود کدام گروه را شاد می‌کند جالب است. شما می توانید بازی را آنگونه که خود مناسب می‌دانید کنترل کنید، مثلا به دانش اموزان ضعیف تر چند فرصت بدهید و از دانش آموزان باهوش سوالات سخت تری بپرسید.

برای اینکه بازی را جالب تر کنید یک سیستم مجازات ارائه دهید که در آن جواب غلط باعث می شود که هر دو ستون و ردیف مرتبط با آن دانش آموز همچنان بایستد.

متغیرهای فراوانی برای این فعالیت وجود دارد، بنابراین مختارید که آن را با شرایط دانش آموزان، کلاس و سبک آموزشتان مطابقت دهید.

Forming Sentences with words
جمله سازی با کلمات

در این فعالیت کلاسی دانش آموزان باید با استفاده از یک سری کلمات انگلیسی جملات معنی دار بسازند.

قبل از شروع باید چند تکه کوچک کاغذ آماده کنید، تکه‌ها باید به اندازه‌ای باشند که یک دانش آموز بتواند جمله‌ای روی آن بنویسد. بعد از این کار، تعدادی کلمات متفاوت روی این کاغذها بنویسید. به یاد داشته باشید که شما به تعداد زیادی کلمه نیاز دارید تا مطمئن شوید دانش آموزان با استفاده از آنها می‌توانند جملات درستی بنویسند.

یعنی شما باید هم اسم هم فعل هم صفت و هم قید به کار ببرید، اینجا چند نمونه از این کلمات که احتمالا مفید هستند آورده شده:

a, it, the, she, is, we, of, house, car, fast, slow, blue, went, live, happy, up, to, he, sister, will, no, yesterday, who, go, food, dad, see, small, run, am, I, rabbit, movie, meet, but, think, can, space, fly, because, so, there, on, should, under, here, be, my, red, eat, not, today, tree, school, why, really, please, yes, quiet, off

خوب است که نمونه‌های مختلف کلمات مهم را به کار ببرید و می‌توانید چند کلمه عجیب و غریب را هم در آن میان جای دهید.

به طور تصادفی کاغذها را بین دانش آموزان تقسیم کنید، بنابراین هر کدام یک کلمه در اختیار دارند. به آنها 5 دقیقه(یا بیشتر) فرصت دهید تا با دانش آموزان دیگر چند جمله بسازند.(نیازی نیست راجع به علامت گذاری نگران باشند.)

هر وقت فکر می‌کنند که جمله صحیحی ساخته اند، شما را مطلع کنند تا جمله شان را بسنجند. اگر جمله معنادار بود آن دانش آموزان می‌توانند بنشینند.

بقیه دانش آموزان هم باید به تلاش خود ادامه دهند تا زمانی که در ساختن جمله‌ای صحیح موفق شوند و بنشینند. 5 دقیقه به پایان می‌رسد یا اینکه با آن کلمات جمله صحیح دیگری نمی‌توان ساخت.

تعداد دانش آموزانی که در این دوره موفق نشدند جمله صحیحی بسازند ثبت کنید و در دوره‌های

English through Games

بعدی تمرکز کارتان روی آنها باشد، به دانش آموزان باقیمانده یادآور شوید که کاربرد بعضی کلمات سخت تر از کلمات دیگر است پس آنها نباید احساس بدی داشته باشند.

English through Games

World Travel Trip

سفر دور دنیا

این بازی به دانش آموزان کمک می‌کند که هم زمان مهارت‌های شنیداری خود را تقویت کنند، و اسامی کشورهای مختلف دنیا را هم یاد بگیرند.

قبل از شروع به تعداد دانش آموزان کلاس چند قطعه کاغذ آماده کنید و اسم کشورهای مختلف را روی آنها بنویسید.

اینها کشورهایی است که انتخاب شده است:

France, Australia, Italy, Greece, U.S.A, Japan, England, Mexico, New Zealand, China, Germany, Switzerland, Iraq, Brazil, Canada, Portugal, Egypt, South Africa, Ireland, Russia, Belgium, Korea, Argentina, Morocco, India, Spain, Nigeria, Scotland, Thailand.

کاغذها را بین دانش آموزان توزیع کنید(هر کدام یکی) تا هر کدام اسم کشورش را بداند. توضیح دهید که به سفر دور دنیا می‌روید و هر کدام از دانش آموزان یکی از مقصدهای شما در این سفر است. سر نخ‌هایی که مربوط به مقصد بعدی است را بخوانید و دانش آموزان به دقت گوش می‌کنند.

دانش آموزی که سر نخ‌ها به کشوری که در دست دارد مربوط است، دست خود را بالا می‌برد. فکر کنید که سوار هواپیما هستید و به طرف او پرواز کنید، کاغذ او را چک کنید تا مطمئن شوید که کشور مورد نظر شما روی آن نوشته شده. سر نخ بعدی را بخوانید و تا زمانیکه به همه‌ی کشورها سفر کردید بازی را ادامه دهید. ترتیب کشورها و سر نخ‌ها را قبل از کلاس سازماندهی کنید. نوع سرنخ‌ها بستگی به سطح دانش کلاس شما دارد. مثلا سر نخ‌هایی میتوانند مانند نمونه های زیر باشند:

France: Eiffel Tower
Australia: Kangaroos
U.S.A: State of liberty

Brazil: Famous for soccer
Egypt: Pyramids
South Africa: Animal safaris

One Part Drawing
کشیدن یک قسمت از بدن

این یک بازی جالب است که برای تقویت کلمات کلیدی مربوط به اعضای بدن، لباس‌ها و لوازم فرعی مثل عینک و کلاه بسیار موثر است. برای شروع کلاس را به چند گروه تقسیم کنید، بهتر است از ستون‌ها و ردیف‌هایی که نشسته اند استفاده کنید تا مجبور نباشند از جایشان بلند شوند و به راحتی کاغذها را دست به دست کنند. اگر تخته سیاه یا وایت برد به اندازه کافی بزرگ است می‌توانید از آن نیز استفاده کنید ولی کاغذ بهتر است.

روال بازی این گونه است که هر کدام از دانش آموزان در یک گروه یک قسمت از بدن حیوانی، شخصی یا شخصیتی را بکشند و با تلاش گروهی تصویری خلق کنند که به تصویر اصلی شباهت داشته باشد.

دانش آموزان باید به دقت به توصیف‌های شما گوش کنند و به سرعت عضو مورد نظر را بکشند و کاغذ را به دانش آموز بعدی بدهند و آنها نیز همین روند را ادامه دهند. شما در پایان هر دور تصویر کامل شده را می‌سنجید و به گروهی که بهتر از همه تصویر را کشیده امتیاز می‌دهید.

مثلا می‌گویید یک میمون بکشند. وقتی همه‌ی گروه‌ها حاضر شدند، اولین عضو را می‌گویید، مثلا: (tail)، اولین دانش آموز 10 ثانیه فرصت دارد که دم میمون را بکشد قبل از اینکه کاغذ را به دانش آموز بعدی بدهد. (Ears) ممکن است عضو بعدی باشد، the mouth، arms و غیره. پیوند دادن اعضا به هم به هیجان بازی می‌افزاید، شما به هر ترتیبی که دوست دارید اعضا را نام ببرید.

ترتیب دانش آموزان را بعد از هر دور عوض کنید، کسی که در دور پیش اولین نفر بوده، در دور بعد آخرین نفر است که تصویر را تمام می‌کند.

یا به آنها اجازه دهید هر دور جایشان را عوض کنند. بهترین ایده این است که به آخرین نفر اجازه دهید هر چیزی دوست دارد به تصویر اضافه کند، اینگونه به آنها فرصت می‌دهید که یک تصویر احتمالا پراکنده را کامل کنند. مانند:

Animals: monkey, giraffe, cat, dog, panda, koala, tiger
People: yourself, Ichiro, Harry potter

Characters: Pikachu, Super Mario, Anpanman's, Minnie Mouse, Doraemon, Sponge Bob

و مثلا به این ترتیب اعضا را می‌گفتم:

Monkey: ears, tail, mouth, arms, legs, body, head, nose, anything

Giraffe: neck, legs, body, eyes, nose, ears, head, anything

Harry potter: broom, glasses, legs, arms, body, clothes, head, anything

Guess the Action

حدس بزنید داره چیکار میکنه!

این بازی به دانش آموزانی که زبان انگلیسی می‌آموزند کمک می‌کند هم زمان که سعی می‌کنند حدس بزنند همکلاسی شان چه عملی را انجام می‌دهد، چند فعل مهم و کاربردی انگلیسی را نیز به یاد آورند.

این فعالیت یک نمونه ساده بازی لال بازی است. دانش آموزان سعی می‌کنند کلماتی را که روی کاغذ نوشته شده با اجرای پانتومیم و ایما و اشاره به دیگر اعضای تیم نشان دهند.

پیش از آغاز بازی، تعدادی کاغذ آماده کنید و روی هر کدام کلمه‌ای بنویسید. هر نوع کلمه‌ای می توانید انتخاب کنید اما به نظر من فعل‌ها برای این بازی مناسب ترند، بنابراین من از فعل‌ها برای این بازی استفاده کردم.

برای جذاب تر کردن بازی می‌توانید کلمات را به 3 دسته آسان(1 امتیاز)، متوسط(2 امتیاز) و سخت(3 امتیاز) تقسیم کنید. مانند:

Easy (1 point): Eating, sleeping, running, singing, flying, cleaning
Medium (2 points): Laughing, studying, looking, throwing, talking, cooking
Hard (3 points): Thinking, pointing, lifting, climbing, opening

کلاس را به چند گروه تقسیم کنید و از یکی از دانش آموزان بخواهید که از میان کلمات آسان، متوسط و سخت یکی را انتخاب کند. 20 ثانیه به آنها فرصت دهید تا آن کلمه را برای گروهشان اجرا کنند، (بقیه گروه‌ها باید ساکت باشند). بازی را به همین شکل با گروه‌های دیگر ادامه دهید و امتیازات را محاسبه کنید تا برنده مشخص شود. اگر گروه مورد نظر در 20 ثانیه موفق نشدند کلمه را حدس بزنند، به گروه‌های دیگر اجازه دهید در بازی شرکت کنند و به آنها فرصت دهید تا امتیاز بیشتری کسب کنند.

Unscramble Words

مرتب کردن کلمات

این یک فعالیت کلاسی برای آموزش زبان انگلیسی است که نوعی بازی کلمات به هم ریخته است. در این بازی دانش آموزان کلمات به هم ریخته‌ای را که روی تخته نوشته شده مرتب می‌کنند.

تعدادی کلمات به هم ریخته آماده کنید(اگر به درس‌های قبلشان مربوط باشد بهتر است) و انها را به 3 دسته‌ی آسان (1 امتیاز)، متوسط(2 امتیاز) و سخت(3 امتیاز) تقسیم کنید.

کلاس را به گروه‌های 4 یا 6 نفره تقسیم کنید و دانش آموزی از اولین گروه انتخاب کنید تا از میان گروه کلمات یکی را انتخاب کند. وقتی که شما کلمات به هم ریخته را روی تخته نوشتید آن گروه 1 دقیقه فرصت دارند که جواب صحیح بدهند(در حالیکه بقیه گروه‌ها ساکت هستند). بازی را به همین شیوه ادامه دهید و امتیاز هر گروه را محاسبه کنید.

برای اندکی تغییر در بازی، اگر تیم مورد نظر در فرصت 1 دقیقه خود نتوانست پاسخ صحیح دهد به گروه‌های دیگر اجازه دهید که شانس خود را امتحان کنند و گوی سبقت را از هم بربایند.

همچنین می‌توانید کلمات را بر اساس سطح دشواری به 3 دسته تقسیم کنید یا اینکه بر حسب جنس و مورد استفاده آنها طبقه بندی کنید مثل حیوانات، پوشاک، اعضای بدن، میوه‌ها و ورزش.

در قسمت کلمات به هم ریخته، مثال‌های فراوانی خواهید یافت: اینها مثال‌هایی است که در مورد حیوانات به کار میرود:

Easy (1 point): (bird-drbi) (dog-dgo) (cat-tac) (lion-olin)
Medium (2 points): (frog-rgfo) (monkey-myoekn) (tiger-greti) (eagle-leeag)
Difficult (3 points): (elephant-tpnlehea) (giraffe-gfriefa) (donkey-oendyk-) (crocodile-orcdcielo)

Truth or lies

حقیقت یا دروغ؟

این فعالیت شبیه بازی ردیف‌ها و ستون‌ها است، با این تفاوت که در این بازی به جای جواب دادن به سوالات استاندارد، دانش آموزان باید به جملاتی که معلم می‌گوید گوش دهند و تصمیم بگیرند که آیا او حقیقت را می‌گوید یا اینکه دروغ می‌گوید.

از دانش آموزان بخواهید که از جایشان بلند شوند و یک نفر را انتخاب کنید(یا اگر کسی داوطلب است بازی را با او شروع کنید). آنها باید به دقت به جمله شما گوش دهند و تصمیم بگیرند که شما دروغ می‌گویید یا راست می‌گویید. اگر آن دانش آموز پاسخ صحیح داد، بعد تصمیم می‌گیرد که دانش آموزان هم ردیفش یا آنها که با او در یک ستون ایستاده اند همراه او بنشینند. بازی را تا زمانیکه همه بنشینند ادامه دهید. شما می‌توانید بازی را بر اساس سطح دانش آموزانتان و یا سبک آموزشتان با کلاس تطبیق دهید.

در اینجا چند مثال آورده شده(جا دادن چند مثال خنده دار در این میان نیز فکر خوبی است):

1-I live on the moon.
2-Today is the day after yesterday.
3-I am older than you.
4-Tennis balls are square.
5-I wear shoes on my hands.
6-Hours are longer than minutes.
7-All girls have short hair.
8-We are not outside.
9-I have blond hair.
10-Tokyo is in Japan.
11-I am friends with Tom Cruise.

Linking Letters and Words
حروف و کلمات را به هم وصل کنید

این فعالیت کلاسی سریع و آسان ذهن دانش آموزان را به چالش می‌کشد تا با بالاترین سرعت ممکن کلمات انگلیسی را به یاد آورند.

بازی را با گفتن 1 کلمه آغاز می‌کنید و اولین دانش آموز با حرف آخر آن کلمه، یک کلمه جدید می‌گوید که با آن حرف شروع شود و بقیه دانش آموزان به همین شیوه بازی را ادامه می‌دهند.

آخرین حرف هر کلمه را بر می‌دارند و کلمه‌ای که با آن حرف شروع شود می‌گویند. مثلا اگر اولین کلمه (car) است کلمه بعدی ممکن است (red) باشد و کلمات بعدی به ترتیب dog، golf، food،.... نکته اینجاست که دانش آموزان باید سریعا آن کلمه را بیابند و بگویند و کلمه‌ای که قبلا گفته شده را نمی‌توانند بگویند. اگر آنها کلمه‌ای تکراری بگویند و یا خیلی کند باشند از بازی حذف می‌شوند.

اگر این روش برای کلاس شما ساده است، می‌توانید قوانین بیشتری به آن اضافه کنید، مثلا همه‌ی کلماتی که گفته می‌شود باید مربوط به گروه مشخصی باشد. مثلا همه‌ی کلمات به sport مربوط باشد مثل Bat، tennis، soccer و غیره.

Countries of the World
کشورهای جهان

◻ کشورهای جهان ◻ یک فعالیت کلاسی جالب است که به دانش آموزان کمک می‌کند نام انگلیسی کشورهای مختلف سراسر دنیا را به یاد آورند.

کلاس را به گروه‌های 4 یا 6 نفره تقسیم کنید و هر گروه را با یک شماره مشخص کنید. گروه‌ها یکی یکی پای تخته بیایند و نام هر تعداد کشور مختلف را که می‌دانند پای تخته بنویسند. بعد دانش آموزی از گروه اول پای تخته بیاید و نام هر کشوری را که می‌خواهد روی تخته بنویسد، سپس دانش آموزی از گروه دیگر می‌آید و اسم کشوری دیگر را روی تخته می‌نویسد. هر چه پیش می‌روید تعداد اسامی کشورهای باقیمانده کمتر می‌شود و کم کم بازی سخت تر می‌گردد. اگر تیمی نتواند اسمی به خاطر آورد پس از بازی حذف می‌شود.

گروه‌های دیگر بازی را همچنان ادامه می‌دهند تا فقط یک تیم یعنی تیم برنده باقی بماند.

شما می‌توانید در درست نوشتن نام کشورها زیاد به آنها سخت نگیرید ولی مطمئن شوید که آنها نقشه یا کتاب جغرافی در اختیار نداشته باشند که باعث شود امتیازی ناعادلانه کسب کنند.

اگر این بازی خیلی وقت گیر است و یا برای دانش آموزان خیلی ساده است، از روشی که در بازی Animal Alphabet Relay به کار بردید، استفاده کنید. به این ترتیب که حرف اول کشوری که انتخاب کردند از لیست حروف الفبا حذف شود مثلا اگر تیم اول Australia را انتخاب کرد پس حرف A از لیست حذف می‌شود و کشورهای دیگری که با حرف A شروع می‌شوند مثل Austria، Angola دیگر به کار برده نمی‌شوند.

Cat Dog Counting Game
بازی شمارش سگ و گربه

اگر آخر کلاس وقتی اضافه آمد، این بازی محاسبه راه مناسبی برای پر کردن آن است. دانش اموزان باید از 1 تا 40 بشمارند، یکی یکی از یک سر کلاس شروع می‌شود و به سر دیگر کلاس ختم می شود.

نکته اینجاست که آنها به جای هر مضرب 5 باید کلمه (cat) را بگویند و به جای همه‌ی مضرب های 7 باید کلمه (dog) را بگویند. به جای عددی که هم مضرب 5 است و هم مضرب 7 (مثلا 35) باید Cat-Dog به کار برده شود.

ممکن است بازی ساده‌ای به نظر برسد، اما وقتی که سرعت بازی را بالا می‌برید آنها به سادگی اشتباه می‌کنند. برای کسانیکه زبان مادریشان انگلیسی است ممکن است این بازی سخت باشد، اما وقتی که انگلیسی زبان دوم شماست بازی سخت تر می‌شود.

شروع کنید و ببینید کلاس شما تا کجا پیش می‌رود، آیا می‌توانند به 40 برسند؟ اگر این فعالیت برای آنها خیلی آسان است به جای هر کلمه‌ای که در آن 5 و 7 هست هم cat و dog بگویند. هدف را تا عدد 100 افزایش دهید و یا سرعت پاسخگویی را بالاتر ببرید، همچنین می‌توانید دانش آموزانی که اشتباه می‌کنند را حذف کنید تا قهرمان مسابقه Cat Dog مشخص شود. برای آشنایی با شیوه صحیح بازی، نمونه اولیه آن در ادامه آورده شده :

1, 2, 3, 4, cat, 6, dog, 8, 9, cat, 11, 12, 13, dog, cat, 16, 17, 18, 19, cat, dog, 22, 23, 24, cat, 26, 27, dog, 29, cat, 31, 32, 33, 34, cat,-dog, 36, 37, 38, 39, cat.

How many words can you make?
چند کلمه می‌توانید بسازید؟

این بازی تک نفره یا گروهی انجام می‌شود، به این صورت که دانش آموزان با حروف کلمه‌ای که شما ساخته‌اید هر چقدر می‌توانند کلمه جدید بسازند.

کلمه را روی تخته بنویسید و به آنها 5 تا 10 دقیقه فرصت دهید تا کلمه‌هایشان را بسازند (هر چقدر زمان که خود مناسب می‌دانید به آنها بدهید) و بعد از اینکه کارشان تمام شد، کلمات و املای آنها را چک کنید که درست باشند، هر کسی که بیشترین کلمات را ساخته باشد برنده است.

همچنین می‌توان به تعداد حروفی که یک کلمه از آن ساخته شده به دانش آموزان امتیاز داد، مثلاً اگر کلمه‌ای از 2 حرف ساخته شده 2 امتیاز به آنها بدهید و اگر از 3 حرف ساخته شده 3 امتیاز بدهید.

برای نمونه در ادامه کلماتی که با حروف مشابه ساخته می شوند آورده شده:

7 letters: shingle
6 letters: single, sleigh, hinges
5 letters: shine, hinge, sling, lines
4 letters: legs, sigh, line, sing
3 letters: his, leg, she, gel
2 letters: hi, he, in, is

Fast Answer Race

مسابقه پاسخگویی سریع

با بازی پاسخگویی سریع واکنش ذهنی زبان آموزانتان را بسنجید. در این فعالیت کلاسی ساده کلاس به 2 گروه تقسیم می شود که سعی می‌کنند با جواب دادن به سوالات شما با هم رقابت کنند.

این بازی روش خوبی برای یادگیری مترادف و متضاد و نام اعضای بدن است. شما می‌توانید هر نوع سوالی که دوست دارید بپرسید، من در این مثال از متضادها استفاده خواهم کرد.

دانش آموزان را به 2 گروه تقسیم کنید، با هر معیاری که در نظر دارید از جمله گروه دخترها، گروه پسرها، یا گروه بزرگترها و گروه کوچکترها یا اینکه خیلی ساده کسانی که سمت راست کلاس نشسته اند در یک گروه و کسانی که سمت چپ هستند در گروه دیگر قرار دهید.

دانش آموزانی که اول صف ایستاده‌اند 1 شانس دارند، به کلمه‌ای که شما می‌گویید باید با دقت گوش دهید و سریع‌تر از دانش آموز اول صف دیگر جواب دهد. اگر درست جواب داد می‌تواند روی صندلی خود بنشیند و اگر پاسخ اشتباه داد باید به آخر صف خود برود.

بازی را تا زمانی که همه‌ی اعضای گروه بنشیند ادامه دهید، آن گروه برنده است.

مراقب باشید که اعضای تیم رقیب حین بازی ساکت باشند تا بازی عادلانه پیش برود و می‌توانید بیش از یک دور بازی کنید تا به گروه بازنده فرصت دهید پیشرفت کنند.

همچنین می‌توانید یک سیستم امتیازگذاری تعیین کنید، به این شکل که اگر امتیازات یک تیم به اندازه تعداد اعضای باقیمانده تیم دیگر بود، آن گروه برنده است. در ادامه مثال‌هایی آورده شده:

Fast-slow	hot-cold	Happy-sad	in-out
Heavy-light	north-south	Good-bad	on-off
High-low	new-old	Left-right	tall-short
True-false	east-west	Yes-no	up-down

Final Class Auction

مزایده آخر کلاس

بازی مزایده آخر کلاس هم یک فعالیت کلاسی سرگرم کننده ا ست، هم راه خوبی است که مطالب را جمع آوری کنید و کلاس را تمام کنید.. معمولاً وقت کلاس را به 2 قسمت تقسیم می‌کنیم، درقسمت اول از گروه امتحان می‌گیریم وبر اساس امتیازی که در امتحان کسب کرده‌اند به آنها پول تقلبی می دهیم و قسمت دوم را به حراج اختصاص می دهیم.

ممکن است بخواهید پول تقلبی را به صورت مساوی بین دانش آموزان تقسیم کنید یا بر اساس شیوه‌ای متفاوت عمل کنید. وقتی که به همه ی آنها پول دادید، می‌توانید تک تک در مزایده شرکت کنند و پیشنهاد قیمت بدهند، یا اینکه گروهی تشکیل دهند.

قبل از کلاس معمولاً بروید و 5 و یا 6 جایزه ارزان قیمت مثل شکلات، برچسب و اسباب‌بازی‌های کوچک بخرید. به سلیقه خود جایزه‌ها را انتخاب کنید.

رو به روی کلاس بایستید و با شمارش معکوس تعداد اشیاء باقیمانده را که روی تخته نوشته شده مشخص کنید و قیمت گذاری را با یک قیمت کم شروع کنید تا مزایده پیش رود.

بگذارید دانش آموزان دستشان را بلند کنند و قیمت مورد نظرشان را پیشنهاد دهند تا جایی که کسی قیمتی پیشنهاد کند که بقیه بالاتر از آن را نگویند، وقتی که آنها پول را پرداختند جایزه مال آنها می‌شود.

بازی را تا زمانی که همه جایزه‌ها فروخته شود ادامه دهید، به یاد داشته باشید وقت کافی صرف کنید تا همه‌ی پول‌های تقلبی قبل از اتمام کلاس جمع شود.

Funny Captions worksheet

صفحه شرح‌های جالب در تصاویر

با نوشتن شرح‌های خنده دار در این صفحه‌های چاپ شده از این بازی لذت ببرید. به تصاویر نگاه کنید و در مورد یک حرف خنده دار فکر کنید تا در حباب‌های مخصوص مکالمه در تصاویر بنویسید. چه چیزی به نظرتان می‌رسد؟

صفحات چاپ شده مناسب فعالیت‌های انگلیسی، ایده‌هایی برای فعالیت‌های کلاسی و منابعی آزاد برای آموزش زبان انگلیسی که برای این فعالیت مناسب باشند بیابید و از بازی‌های مهیج برای یادگیری زبان انگلیسی لذت ببرید.

Cartoons for Teaching - Worksheet

TEACHER'S COPY

NOTES: _____

_____

_____

_____

_____

STUDENT'S COPY   www.toonut.com

NOTES: _____

_____

_____

_____

_____

Cartoons for Teaching - Worksheet

TEACHER'S COPY

POITRAS

NOTES: ____________________

✂ -

STUDENT'S COPY

www.toonut.com

POITRAS

NOTES: ____________________

Rex and Dexter cartoons and worksheet COPYRIGHT Denis Poitras 2010

///PHOTOCOPIABLE

Cartoons for Teaching - Worksheet

REX & DEXTER

NOTES: ______________________________

REX & DEXTER

www.toonut.com

NOTES: ______________________________

English through Games

Scattergories

بازی اسم فامیل

بازی گروه‌های پراکنده را با این جدول بر اساس بازی اصلی انجام دهید و لذت ببرید 250 گروه مختلف وجود دارد از جمله حیوانات، احساسات، ورزش‌ها، میوه جات، کشورها و غیره...
این 25 گروه را با کلماتی مناسب آن گروه که با حروف تعیین شده شروع می‌شود تکمیل کنید.
مثلاً اگر حروف اول D است، احتمالاً کلماتی مثل dog، donut و Denmark را انتخاب می‌کنید. به هر کلمه درست 1 امتیاز تعلق می‌گیرد و اگر کسی کلمه‌ای به کار ببرد که دانش آموزان دیگر استفاده نکرده‌اند 2 امتیاز می‌گیرد. امتیازات را جمع کنید و امتیاز کل را محاسبه کنید.

	Letter 1	Letter 2	Letter 3
Animals			
Foods			
countries			
Movie stars			
Sports			
Colors			
Jobs			
Fruits			
Vegetables			
Emotions			
Tools			
Singers			
Movies			
Weather			

English through Games

	Letter 1	Letter 2	Letter 3
Books			
Tv shows			
Clothes			
Songs			
Drinks			
Toys			
Furniture			
Desserts			
Girls Names			
Boys Names			
Total			

Match Opposite

کلماتی که معنای متضاد دارند را با هم جفت کنید

این فعالیت کلمات متضاد را به دانش آموزان می‌آموزد و در عین حال از این رقابت مهیج لذت می‌برند.

کلماتی که معنایشان با هم متضاد است با یک خط به هم وصل کنید.

Right	Down
Big	No
Hoppy	closed
Slow	Expensive
Yes	left
Negative	Go
Up	Fast
Off	Sad
Cheap	Old
Open	On
Stop	positive
Young	small

English through Games

Movie Reviews worksheet

صفحه مرور فیلم‌ها

این باز فرصتی فراهم می‌کند تا دانش آموزان پیش پرده چند فیلم را مروز کنند و ببینند هر کدام چه نوع فیلمی است، اتفاقات جالب آنرا بررسی کنند و یک امتیاز کلی به آن بدهند. دانش آموزان می توانند کل فیلم را بررسی کنند ولی وقتی که زمان محدود است بررسی پیش پرده‌ها موثرتر است. چند پیش پرده را ببینیم و نظر خود را بیان کنیم:

1) Movie name: ………………………………………………………
   What kind of movie is it?
   What was something interesting that happened during the trailer?
   How many stars would you give it? 1 2 3 4 5

2) Movie name: ………………………………………………………
   What kind of movie is it?
   What was something interesting that happened during the trailer? How many stars would you give it? 1 2 3 4 5

Animals of the Alphabet
اسم حیوانات بر اساس حروف الفبا

از این صفحه استفاده کنید و با هر کدام از حروف الفبای انگلیسی هر تعداد نام حیوان که به ذهنتان می آید بنویسید. مثلا بله cat-c را بسازید. اگر با حروف مشکلی مثل x کلمه‌ای به ذهنات نیامد نگران نشوید.

هر تعداد نام حیوان که با حروف زیر شروع می‌شوند، در جدول بنویسید. مثلا با حرف c کلمه cat.

A	J	S
B	K	T
C	L	U
D	M	V
E	N	W
F	O	X
G	P	Y
H	Q	Z
I	R	

Food Bingo For kids

بازی خوراکی بینگومخصوص بچه‌ها

از دانش آموزان بخواهید از میان 40 غذای درون لیست، 25 غذا را انتخاب کنند ود ر جدولی که از چندین مربع تشکیل شده بنویسید. هر غذایی را که دوست داشته باشند می‌توانند انتخاب کنند و در هر مربعی که بخواهند یادداشت کنند. اسم هر غذا را به طور تصادفی نام ببرید و دانش آموزان باید اسم آن را در صفحه دبلنا بینگو خود خط بزنند. بازی را تا جایی که یکی از آنها یک خط عمودی، افقی یا مورب را در جدولش کامل کند ادامه دهید. شما می‌توانید به عنوان جایزه هدیه کوچکی به آنها بدهید، بعد از آن بازی را دوباره ادامه دهید تا زمانی که یکی از دانش آموزان کل صفحه دبلنا بینگو خود را کامل کنند و فریاد بزند Bingo به یاد داشته باشید اسم غذاهایی را که نام می برید ثبت کنید تا مطمئن شوید دانش آموز برنده خوب گوش داده و غذاهای مورد نظر را خط زده.

25 غذا از بین 40 غذای زیر را انتخاب کنید و در صفحه دبلنا بینگو خود بنویسید.

Past, ham, salad, bread, rice, sushi, egg, tomato, carrot, mushroom, banana, apple, peach, strawberry, beef, ice cream, chocolate, soup, curry, pumpkin, cheese, pork, cake, celery, fires chicken, grapes, broccoli, fish, almonds, watermelon, pineapple, peanuts, beans, noodles, cheeseburger, lettuce, biscuits, cherry, mango.

Find someone who...

کسی را پیدا کن که....

کسی را در کلاس پیدا کنید که:

Your name: ....
Has a birthday in December ....
Likes pizza ....
Was born outside this country ....
Likes listening to rock music ....
Has a sister ....
Doesn't like tomato ....
Plays basketball ....
Has a PS3 ....
Loves English ....

Alphabet scattergories

اسم فامیل الفبا

در جدول زیر از حروف الفبا استفاده کنید و نام کشورها، حیوانات و غذاها را که با آن حروف شروع می‌شوند بنویسید.

هر گروه هر تعداد کلمه که با آن حرف مورد نظر شروع می‌شود بنویسید و ستون‌ها را کامل کنید. مثلاً A مثل Australia، B مثل Bat و C مثل Corn. به هر کلمه درست 1 امتیاز تعلق می‌گیرد و در عین حال اگر کسی کلمه‌ای به کار ببرد که هیچ یک از دانش آموزان به کار نبرده اند 2 امتیاز می گیرد.

امتیازات را جمع کنید و کل آنرا محاسبه کنید.

	Countries	Animals	Foods
A			
B			
C			
D			
E			
F			
G			
H			

English through Games

I

J

K

L

M

N

O

P

Q

R

S

T

U

V

W

Y

Z

Total

English through Games

Match similar words

کلمات مشابه را جفت کنید

در این صفحه کلماتی که هم معنی هستند را جفت کنید. این بازی هم زمان دانش آموزان را به رقابت می‌کشد و کلمات مترادف را به آنها می‌آموزد.

کلمات هم معنی را با یک خط به هم متصل کنید.

Fast	smart
Huge	cheap
Pretty	skinny
Happy	Fantastic
Awful	small
Inexpensive	Beautiful
Tiny	simply
Thin	Quick
Lady	Delighted
Easy	Terrible
Great	large
Clever	women

Travel & vacation

سفر و تعطیلات

با استفاده از این صفحه ، احساس خود درباره سفر و تعطیلات را توضیح دهید. توضیح دهید دوست دارید چطور سفر کنید، چه کارهایی انجام دهید و تعطیلات رویایی شما چگونه است.

Travel and vacation

1- what is your favorite way to travel? (please circle)
    Car   train   Bus   Plane   Bicycle   Other

2- what do you like to do on vacation? (please circle)
    Sightseeing Theme parks Reading Eating shopping other

3- what country would you like to visit?..

4- Draw your dream vacation: ....

5- Describe your dream vacation:

6- where are you? ....

7- what are you doing? ....

8- who are you with? ....

9- what season is it?..

Job Interview
مصاحبه شغلی

در این بازی از دانش آموزان خواسته می‌شود شغلی را انتخاب کنند و به آنها کمک می‌کند تا برای یک مصاحبه شغلی ظاهری آماده شوند، با استفاده از سوالاتی که ممکن است در یک مصاحبه شغلی واقعی از آنها پرسیده شود.

Secretary, waiter, Teacher, Sports coach, shop assistant, Tv presenter, Computer programmer, writer, Electrician, Hair Dresser, Accountant, Builder, Doctor, Comedian, Nanny, Lawyer, Police, Translator, other…

رئیس شرکت با شما مصاحبه خواهد کرد و سوالات زیر از شما می‌پرسد، لطفا جواب‌های مفید و کاربردی بدهید:

1- why do you want this Job? ....

2- why do you think you are the perfect person for this Job?..................

3- what kind of experience do you have?..................

4- what are your good qualities?..................

5- what could you improve on?..................

6- Are there any questions you would like to ask? (for example: How much will I be paid? Where will I work? Will there be opportunities for promotion or a raise?) ....

Countries of the Alphabet
نام کشورها بر اساس حروف الفبا

این از صفحه آماده شده استفاده کنید و با حروف الفبا هر تعداد اسم کشور که با این حروف شروع می‌شوند را بنویسید مثلاً با حرف C کشور Canada. اگربار حرفی مثل X کشوری به ذهنتان نیامد مهم نیست (کشوری با این حرف وجود ندارد.)

صحفات چاپ شده مناسب فعالیت‌های انگلیسی، ایده‌های برای فعالیت‌های کلاسی و منابعی آزاد برای آموزش زبان انگلیسی که برای این فعالیت مناسب باشند بیابید و در کلاستان استفاده کنید و از بازی‌های مهیج برای یادگیری زبان انگلیسی لذت ببرید.

A	J	S
B	K	T
C	L	U
D	M	V
E	N	W
F	O	X
G	P	Y
H	Q	Z
I	R	______

Finish the sentence Quiz

مسابقه تکمیل جمله

کلمه‌ی جا افتاده را از لیست کلمات پیدا کنید و در جالی خالی قرار دهید تا جمله‌ها کامل شوند.
چند جمله را می‌توانید کامل کنید؟ بازی را شروع کنید و عملکردتان را بسنجید.
جمله‌ها را با کلمات زیر کامل کنید:

Boring, Camera, tomorrow, guitar, keys, volume, bed, yellow, puppy, marathon

1- I'm learning to play the..................................
2- It's going to be windy ....
3- I like reading before going to..........................
4- I went to the pet store to buy a........................
5- This movie is..
6- I 'm training for a ....
7- please turn down the ....
8-where are my car...?
9- my favorite color is ....
10- I love taking photos with my ....

جواب‌های صحیح

1- Guitar
2- tomorrow
3- Bed
4-Puppy
5- Boring
6- Marathon
7-Volume
8-Keys
9-Yellow
10-Camera

Contries Quiz
مسابقه اسامی کشور ها

دانش خود در مورد کشورهای مختلف را با این بازی بسنجید، به این شیوه که اسم هر کشور را به سرنخ مربوط به آن متصل کنید و جملات را تکمیل کنید. آیا می‌توانید اسم هر کشور را به سر نخ مناسب آن وصل کنید؟ بازی را شروع کنید و دانش خود را بسنجید.
اسم هر کشور را به سرنخ مربوط به آن متصل کنید و جملات را تکمیل نمایید:

England, Japan, France, Greece, Russia, Australia, USA, Newzealand, Egypt, India.

1- Koalas and kangaroos are found in ....
2- The Sphinx is found in ....
3- The statue of liberty is found in..................................
4- The Eiffel Tower is found in ....
5- The city of Tokyo is found in ....
6- The parathenon is found in ....
7- Kiwi birds are found in...
8- Stonehenge is found in ....
9- The city of Moscow is found in......................................
10- The Taj Mahal is found in ....

جواب‌های صحیح

1- Australia   6-Greece

2- Egypt   7-New Zealand

3- USA   8-England

4- France   9-Russia

5- Japan   10-India

Money Quiz

مسابقه پول

از این بازی جالب لذت ببرید. مقدار پول را که به انگلیسی نوشته شده بخوانید و بعد معادل آن را به عدد بنویسید.

مقدار پول را طبق مثال زیر به عدد بنویسید:

Example: Fifty five dollars and thirty three cents=$55.33

1. One dollar and ten cents=$............
2. Four dollars and fifteen cents=$............
3- Nine dollars and ninety nine cents=$............
4- Twelve dollars and ninety nine cents=$............
5- Seventeen dollars and three cents=$............
6- Thirty five dollars and sixty cents=$............
7- Forty eight dollars and eleven cents=$............
8- Ninety nine dollars and ninety nine cents=$............
9- Three hundred and fifty dollars and seventy cents=$............
10- Eight thousand and fourteen dollars and eighty nine cents= $............

جواب‌های صحیح

1- $ 1.10	6- $ 35.60
2-- $ 4.15	7- $ 48.11
3- $ 9.99	8- $ 99.99
4- $ 12.52	9- $ 350.70
5- $17.03	10- $8014.89

English through Games

Science Quiz for kids

مسابقه علمی مخصوص بچه‌ها

سطح دانش علمی دانش آموزانتان را با این بازی بسنجید.

Science Quiz

Name:………………..   Date:………………..

1- what is the name of the closest star to Earth?...............
2- what does your heart pump?............
3- which is heavier, gold or silver?...............
4- True or false? Sound is faster than light……………
5- Arach no phobia is the fear of what?
6- what is the second element on the periodic table of elements?
7- True or false? Nitrogen is the main element found in the air we breathe.
8- what is the chemical symbol of silicon?
9- True or false? Ice sinks is water.
10- what is the name of a person who studies weather?
Score:……………/10

جواب‌های صحیح

1- The sun	6- Helium
2- Blood	7- True
3- Gold	8- Si
4- False	9- false
5- Spiders	10- A meteorologist

Geography Quiz for kids

امتحان جغرافی مخصوص بچه‌ها

English through Games

دانش جغرافی دانش آموزانتان را با این بازی امتحان کنید و از سوال و جوابهای جزئی استفاده کنید که مطالبی در مورد همه چیز از نام اقیانوس‌ها تا پایتخت کشورها را در بر بگیرد.

Geography Quiz

Name:.................... Date:.................

1- what is the name of the biggest ocean on Earth?
2- By area, what is the biggest state in USA?
3- what is the capital city of Australia?
4- Stratus, cumulus, cirrus and nimbus are types of what?
5- what is the name of a person who studies earthquakes?
6- In which country would you find the leaning Tower of Pisa?
7- what is the name of the highest mountain on Earth?
8- Helsinki is the capital city of which country?
9- True or False? The Yangtze is the longest river in the world
10- The term "breez" and "gal" help describe the speed of what?

Score: ..../10

جواب‌های صحیح

1- The pacific ocean	5-Aseismologist	8-Finland
2- Alaska	6-Italy	9-False
3- canbera	7-Mt Everest	10-wind
4-Clouds		

English Language Jokes

جک‌هایی در زبان انگلیسی

در فرصت استراحت کلاس، جک‌های بامزه در مورد زبان انگلیسی را به کار ببرید.

English through Games

- Why do bees hum? Because they don't know the words.
- Why do birds fly south for the winter? Because it's too far to walk.
- What goes up slowly and comes down quickly? An elephant in a lift.
- Why is there a crab in prison? Because he kept pinching things!
- What do you cell a braing insect? A spelling bee.
- Why did the man throw the butter out the window? Because he wanted to see butterfly.
- What happened to the cat that swallowed a ball of wool? She had mittens.
- How do porcupines kiss each other? Very carefully.
- What do you give an elephant with big feet? Plenty of room!
- Why did the chicken cross the road? To get to the other side.
- What do you call a fish with no eyes? A fish.
- Why does everyone love cats? Because they're purr-fect!
- Where do cows go with their friends? The moooovies!
- How do you keep and elephant in suspense? I'll tell you tomorrow.
- What do you call a fly without wings? A walk.

نکته‌های مهمی در مورد نگارش از این جمله‌ها بیاموزید و برای استفاده از آنها با دقت فکر کنید.
لطیفه‌ها را بخوانید و لذت ببرید.

- So English, I fancy you all agree, is the funniest language you ever did see.
- English might be the most widespread language in the world but there's still no ham in hamburger, no egg in eggplant and neither pine nor apple in pineapple.
- The thing you're looking for is always found in the last place you look.
- what did the man who walked into a bar say? Ouch!

•why did the boy eat his homework? Because the teacher told him it was a piece of cake.

•what are two things people never eat before breakfast? Lunch and dinner.

•why is the number six so scared? Because seven, eight, nine.

•If the plural of man is always called men, why shouldn't the plural of pan be called pen?

•If we are the human race then who is winning?

•If vegetarians eat vegetables then what on earth do humanitarians eat?!

چند نکته نگارشی:

1- اغراق میلیون‌ها بار بهتر از کم گویی است.

2- سوالات بلاغی چه فایده‌ای دارند؟

3- در نگارش انگلیسی نباید از مخفف استفاده کرد.

4- از علامت تعجب استفاده نکنید!!!

Funny Anagram

کلمات به هم ریخته بامزه

از لیست مثال‌هایی که مطمئنا برای این فعالیت مفید هستند استفاده کنید و از کلمات به هم ریخته بامزه استفاده ببرید.

کلمه‌ی قلب، یک کلمه، اسم یا عبارت است که از چیدمان دوباره حروف یک کلمه دیگر ایجاد شده. از هر حرف اصلی فقط 1 بار استفاده کنید.

بهترین کلمات قلب، آنهایی هستد که بین کلمه جدید و کلمه اصلی ارتباطی وجود داشته باشد مثل listen که به silent تبدیل شده و یا Elvis که به lives تبدیل شده.

- A gentleman= Elegant man
- Debit card=Bad credit
- Eleven plus two=Twelve plus one
- Hot water=worth tea
- vacation time= I am not active
- Conversation=Voices rant on
- The eyes=They see
- Schoolmaster=The classroom
- The country side=No city dust here
- The Detectives=Detect thieves
- Mummy=My mum
- Dormitory=Dirty room
- A decimal point=I'm a dot in place
- Clint East wood=Old west action
- Astronomers=No more stars

Learn about palindromes

جناس قلب را بیاموزید

با فهرست مثال‌های زیر که شامل کلمات، جملات و اسم‌هاست، در مورد جناس قلب بیاموزید. جناس قلب، کلمات، عبارات یا حتی شماره‌هایی است که از هر طرف آنها را بخوانیم به یک شکل خوانده می‌شود. مثال‌های فوق العاده را امتحان کنید و کلمات بلندتری در زبان انگلیسی بیابید که جناس قلب باشند.

Wods:

Eye   Pop   Noon   Level
Radar   Kayak   Rotator

بلندترین جناس‌های قلب:

«Redevider» یک لغت عمومی انگلیسی است که بلندترین جناس قلب محسوب می‌شود.

«Detartrated» یک لغت علمی است که به ندرت استفاده می‌شود.

«Tattarrattat» لغتی است که از طریق روش سکه زدن وارد زبان شده و اولین بار در کتاب «Ulysses» اثر جیمز جویس به کار رفته.

«Aiboh phobia» لغتی است که برای شوخی به کار می‌رود و ترس از جناس قلب را توصیف می‌کند.

Names:

Eve
Bob
Otto
Anna
Hannah

Sentences:

Evile olive
Mirror rim
Stack cats
Doom mood
Rise to vote sir.
Step on no pets
Never odd or even
A nut for a jar of tuna
No lemon, no melon.
Some men interpret nine menos
Gateman sees name, garageman sees nametag.

Funny Riddles for kids

معماهای سرگرم کننده مخصوص بچه‌ها

معماهای سرگرم کننده را بخوانید و از آن‌ها لذت ببرید.

1- What has a face and two hands, but no arms or legs? A clock

2- What five-letter word becomes shorter when you add two letter to it? Short

3- What words begins and ends with an "e" but only has one letter? Envelope

4- What has a neck but no head? A bottle

5- What type of cheese is made backwards? Edam

6- What gets wetter as it dries? A towel

7- Why did the boy bury his flashlight? Because the batteries died.

8- Which letter of the alphabet has the most water? The c

9- What stars with a "P", ends with an "E" and has thousands of letters? The Post Office.

10- What has to be broken before you can use it? An egg

11- Why can't a man living in New York be buried in Chicago? Because he's still living

12- What begins with T, ends with T and has T in it? A teapot

13- How many letters are there in the English Alphabet? There are 78:3 in "the", 7 in "English", and 8 in "alphabet".

14- Which month has 28 days? All of them of course!

English language facts
واقعیت‌هایی در مورد زبان انگلیسی

از این واقعیت جالب و اطلاعات زبان انگلیسی لذت ببرید و جزئیات تازه‌ای در مورد زبان انگلیسی بیاموزید و سرگرم شوید.

واقعیت‌هایی در مورد تاریخچه زبان انگلیسی بیاموزید، ببینید چند کلمه در زبان انگلیسی وجود دارد، منشاء شکل‌گیری کلمات چیست. راجع به الفبای انگلیسی و اینکه زبان انگلیسی چند سخنگوی بومی دارد اطلاعاتی کسب کنید و واقعیت‌های بیشتری در مورد زبان انگلیسی بیاموزید.

مطالب زیر را بخوانید و اطلاعات جالبی راجع به زبان انگلیسی کسب کنید:

1- English is a west Germonic Language.

2- The English language spread with the growth of the British Empire, becoming the dominant language in Canada, the United states, New Zealand and Australia.

3- The growing global influence of the US has further increased the spread of English.

4- Today English is probably the most widely spoken language in the world, with many people learning as a second or foreign language. It is estimated that there could be as many as 1.5 billion total English speakers worldwide.

5- With over 800 million native speakers, Chinese mandarin is the most spoken language, followed by Spanish and English.

6- The countries with the highest population of native English speakers are the US, UK, Canada and Australia.

7- English is one of six official languages of the United Nations, as well as French, Russian, Spanish, Arabic and Chinese Mandarin.

8- English has a huge vocabulary, with over 250000 different words listed in the Oxford English Dictionary.

9- English incorporates words from along number of different languages. Many of these words have French, Old Norse or Dutch origins.

10- Many scientific words used in the English language come from Latin or Greek.

11- English is written in the Latin alphabet (also known as the Roman alphabet)

Halloween Jokes for kids

لطیفه‌های در موردهالووبین مخصوص بچه‌ها

لطیفه‌های در موردهالووبین را امتحان کنید و از شوخی‌های قدیمی در موردهالووین لذت ببرید . چند جک خنده دار تهیه کنید که به مسائل دوست داشتنی‌هالووین ربط داشته باشد مثل خون آشام، مویایی، اسکلت، روح، جادوگر، هیولا، دراکولا و غیره.

1-Why did the vampires cancel the baseball game? Because they couldn't find their bats.

2-What did the mummy say to the detective? Let's wrap this case up.

3-What do you get if you cross a snowman with a vampire? Frostbite.

4-Why didn't the skeleton go to the Halloween party? Because he had no body to go with.

5-What do ghosts serve for dessert? I scream!

6-How do monsters tell their future? They read their horoscope.

7-Why do witches use brooms? Because vacuum cleaners are far too heavy.

8-Where does Dracula keep his valuables? In a blood bank.

9-Why don't mummies have hobbies? Because they're too wrapped up in their work.

10-Why did the Cyclopes give up teaching? Because he only have one pupil.

11-What should you do when zombies surround your house? Hope it's Halloween.

12-Where does Dracula stay in New York? The vampire state Building.

13-What do you call a witch at the beach? A sandwich.

14- I have 24 Legs, 12 arms and 6 heads, what am I? A liar!

15- What happened when the young witch misbehaved? She was sent to her broom.

Funny Puns

بازی با کلمات (ایهام)

ایهام یک نوع بازی با کلمات است که از کلمات یا بهتر بگویم کلماتی که شبیه هم هستند امّا چندین معنی دارند، استفاده می‌کند تا شرایط خنده داری ایجاد کنند یا لطیفه‌ای بسازند. گاهی اوقات بازی با کلمات خیلی اتفاقی به وجود می‌آید که در این مورد می‌گویند، هیچ ایهامی از پیش تعیین شده نیست.

1- Let's talk about rights and lefts. You're right, so I left.

2- Time flies like an arrow, Fruit flies like a banana.

3- When a clock is hungry it goes back four seconds.

4- A boiled egg every morning is hard to beat.

5- Two fish are in a tank. One says to the other, "Err... so how do you drive this thing?"

6- I went to buy some camouflage trousers yesterday but couldn't find any.

7- I've been to the dentist many times so I know the drill.

8- Being struck by a lightning is a shocking experience.

9- Without geometry, life is pointless.

10- A chicken crossing the road is truly poultry in motion.

11- The roundest knight at king Arthur's table alas sir Conference. He acquired his size from far too much pi.

12- I went to a seafood disco last week …. And pulled a mussel.

13- She had a photo graphic memory but never developed it.

14- Two antennas met on a roof, fell in love and got married. The ceremony wasn't much, but the reception was brilliant.

English Idioms

اصطلاحات انگلیسی

مجموعه وسیع اصطلاحات انگلیسی نا را امتحان کنید و از ضرب المثل‌های جالب ،گفته‌های معروف و آرایه‌های ادبی متداول در زبان کد در گفتار روزمره با آنها سروکار دارید لذت ببرید.

اصطلاحات،عبارت‌هایی هستند که معنای آنها با معنای تحت الفظی تک تک کلمات تشکیل دهنده شان متفاوت است. یک مثالا کاربردی و خوب آن (raining cats and dogs) است. در عین حال که معنی تحت الفظی آن می‌شود : n گربه‌ها و سگ‌ها از آسمان فرو می‌ریزند☐، اصطلاحاً به معنای (باران شدید است). مثال‌ها را بخوانید و لذت ببرید:

1-Knock on wood.
2-Under the weather.
3-Go the extra mile.
4-Don't cry over the split milk.
5-Rule of thumb.
6-Things went pear shaped.
7-Every cloud has a silver lining.
8-Out on a limb.
9-Between a rock and a hard place.
10-End of the road.
11-Bendoverbackwards.
12-The ball is in your court.
13-Like a broken record.
14-Break a leg.
15-All in the same boot.
16-Hold your horses.
17-Put Your money where your mouth is.
18-A blessing disguise.
19-Tongue in cheek.
20-It's a piece of Cake.
21-Barking up the wrong tree.

Oxymoron Examples

مثال‌های متضاد

تضاد یک نوع آرایه ادبی است که کلمات متضاد را در کنار هم به کار می‌برد معنی کلماتی که به نظر نمی‌رسد در کنار هم خیلی سازگار به نظر برسند.
با خواندن مثال‌های زیر در مورد تضاد بیشتر بیاموزید.

1- Act naturally

2- Almost exactly

3- Alone together

4- Clearly misunderstood

5- Diet chocolate-cake

6- Extinct life

7- freezer burn

8- Good grief

9- living dead

10- Minor catastrophe

11- Near miss

12- Passive aggressive

13- pretty ugly

14- Sweet sorrow

15- Small crowd

16- Terribly

17- working vacation

Tongue Twisters for kids
تکرار سریع جملات مخصوص بچه‌ها

سعی کنید مشکل ترین جملات انگلیسی را تکرار کنید و از این بازی لذت ببرید. مثال‌های قدیمی مثل ◻ peter piper ◻ یا جملات کوتاهی مثل " three free throws " را نیز امتحان کنید. تا زمانی که در عمل آنها را به کار نبرده اید و تکرار نکنید ساده به نظر می‌رسد. تا جای که می‌توانید جملات را سریع چندین بار تکرار کنید و ببینید چند بار بدون اشتباه می توانید آنها را تکرار کنید،موفق باشید!

- She sells seashells on the seashore.
- Flash message. Flash message.
- Mix a box of Mixed biscuits with a boxed biscuit mixer.
- A proper copper coffee pot.
- I saw Esau sitting on a seesaw. Esau, he saw me.
- Toy boat. Toy boat. Toy boat.
- Lovely lemon liniment.
- Six thick thistles sticks. Six thick thistles sticks.
- Good blood. Bad blood.
- Three Free throws. The instinct of an extinct insect stinks.
- Comical economists. Comical economists.
- Which wristwatches are Swiss wristwatches?
- Peter piper picked a peck of pickled peppers, A peck of pickled peppers peter
- Piper picked. It peter piper picked a peak of pickled peppers, where is the peak of pickled peppers peter piper picked?

- One- one was a racehorse.
- Two – Two was one, too.
- When one – one won one race,
- Two – Two won one, too.

Funny English words

کلمات انگلیسی جالب

زبان انگلیسی پر از کلمات غیر عادی و عجیب و غریب است که به ندرت به کار می‌روند یا اینکه منسوخ شده اند.

فهرستی از 20 کلمه که به نظر ما ارزش توجه خاصی را دارد تهیه شده ، پس سرسری از آنها نگذرید و با دقت بخوانید و ببینید چه تعداد از آنها را می‌دانید .

- Anencephalies – Absence of a brain.
- Borborygmus – stomach rumbling.
- Brouhaha – An uproar or noisy response.
- Canoodle – Hugging and kissing.
- Canton kererus – Bad tempered or grumpy.
- Crudivore – Someone who eats raw food.
- Dis com bobulate – To confuse someone.
- Doozy – Something really good.
- Fartlek – A training system of runners.
- Flummox – To perplex or bewilder.
- Gobbledygook – Meaningless or nonsensical language.
- Kerfuffle – A mild scandal, commotion or fuss.
- Klutz – A clumsy or foolish person.
- Lickety – split = As quickly as possible.
- Lollygag – To dawdle or send time aimlessly.
- Mollycoddle – to treat someone leniently.
- Pratfall – A fall on the buttocks or an embarrassing action.
- Rambunctious – Uncontrollably excitatole or exuberant.
- Shenanigan – Silly behavior.
- Skullduggery – Deception or trickery.

English through Games

New Year Word Search

پازل جستجوی کلمات سال نو

□ پازل جستجوی کلمات سال نو □ را امتحان کنید و کلماتی که به سال نو مربوز می‌شوند را در آن بیابید. مثل: Celebration، midnight، party، resolution و Count down. به صورت افقی، عمودی، ضربدری در جدول به دنبال کلمات بگردید و 10 کلمه پیدا کنید. مهارت خود را به کار بگیرید و ببینید چند کلمه می‌یابید.

Name Data

C	I	Y	J	X	L	R	N	R	Q	K	C	S
A	K	T	S	M	A	E	J	J	I	L	O	K
L	G	R	S	E	N	M	L	L	K	R	U	R
E	V	A	Y	W	W	L	C	O	N	L	N	O
N	K	P	Z	E	V	E	S	X	C	S	T	W
D	R	E	S	O	L	U	T	I	O	N	D	E
A	Y	R	A	U	N	A	J	B	H	Y	O	R
R	M	E	E	H	Y	M	H	T	C	R	W	I
N	O	I	T	A	R	B	E	L	E	C	N	F
F	A	S	W	P	X	D	P	K	Q	K	N	X
Q	G	T	H	G	I	N	D	I	M	T	B	B

Calendar – Celebration – Countdown – Eve – Midnight – Year – Fireworks
Party – January – Resolution.

Easter word Scramble

کلمات به هم ریخته عید پاک

مهارت خود در حل پازل را به کار گیرید و این بازی را انجام دهید، به کلماتی که حروف آنها به هم ریخته به دقت نگاه کنید و سعی کنید حروفشان را مرتب کنید، کلمات واقعی (صحیحی) که در مورد عید پاک باشند درست کنید.

Name: ______________ Data: ______________

Questions	Answers
1-ACEHLOOTC	1-
2-EIHD	2-
3-IDARYF	3-
4-BIABTR	4-
5-SGGE	5-
6-BNYNU	6-
7-HTVN	7-
8-LHAMRMSLWOA	8-
9-EKSABT	9-
10-DYSANU	10-

پاسخ‌های صحیح :

1-Chocolate	6-Bunny
2-Hide	7-Hunt
3-Friday	8-Marshmallow
4-Rabbit	9-Basket
5-Eggs	10-Sunday

Conditional Chain game
بازی زنجیره‌ای جملات شرطی

این بازی برای دوره کردن و تمرین یاختار جملات شرطی نوع اول مناسب است. معلم بازی را با گفتن جمله شروع می‌کند، مثلاً : (If I go out tonight, I'll go to the cinema)، بعد یکی دیگر از دانش آموزان با قسمت آخر جمله معلم، جمله جدید خود را می‌سازد. مثلاً:

(If I go to the cinema : I'll watch Charlie and the chocolate factory.)

نفر بعدی ممکن است این جمله را بسازد:

(If I eat lots of chocolate, I'll put on weight.)

و غیره.

One word stories

داستان سازی با کنار هم گذاشتن کلمات

این فعالیت بسیار ساده است و هرکدام از دانش آموزان یک کلمه در کنار کلمه دیگران می‌گذارد و باهم داستانی می‌سازند.

برخلاف سادگیش ممکن است بسیار چالش برانگیز باشد و فقط برای دانش آموزان در سطوح بالا مناسب باشد.

بچه‌ها باید در کلاس به صورت دایره‌ای بنشینند (اگر امکان پذیر نبود هرکس باید نوبت خود را بداند. معلم با گفتن اولین کلمه شروع می‌کند و هرکدام از دانش آموزان کلمه بعدی را اضافه می‌کند، بدون اینکه کلمه قبلی را تکرار کند. بهترین کلمان برای شروع این فعالیت "suddenly" یا "yesterday" است که باعث می‌شود داستان از زمان گذشته نقل گردد. این فعالیت برای مشخص کردن هم آیی‌های کلمات و همچنین تعریف به ترتیب به کار بردن کلمات بسیار عادی است.

همچنین اگر دانش آموزان در ساختن زمان گذشته یا به کاربردن حروف اضافه مشکل داشته باشند، در این فعالیت مشخص می‌شود و می‌توانید در کلاس‌های بعدی روی آنها تاکید کنید. داستان به شیوه‌های مختلفی می‌تواند شکل کیرد. در بعضی کلاس‌ها ممکن است نیاز باشد معلم علامت گذری‌ها را انجام دهد و یا پایان جملات را مشخص کند و از دانش آموزان بخواهد که جمله جدید بسازند.

بهترین مزیت این فعالیت این است که دانش آموزان باید به دقت به حرف‌های هم کلاسیاشان گوش کنند و تمرکز داشته باشند تا بتوانند داستان را با انسجام ادامه دهند.

Example

Teacher – Yesterday

Student 1 – I

Student 2 – Saw

Student 3 – a

Student 4 – strange

Student 5 – "man"

Student 6 – "who"

Student 7 – "was"

Student 8 – "wearing"

Student 9 – "a"

Student 10 – "yellow"

Student 11 – "hat

Teacher – (Full stop, new sentence)

Student 12- "He "

Student 13 – "was "

Etc.

Chain drawings
نقاشی زنجیره‌ای

فعالیت جالب است که همراه با موسیقی انجام می‌شود و برای همه‌ی گروه‌ها مناسب است، فقط یک فعالیت دنباله دار که مناسب سن و سطح دانش آموزانتان باشد انتخاب کنید. امّا روال اولیه کار برای همه یکسان است.

روال کار:

1- به هرکدان از دانش آموزان قطعه‌ای کاغذ و چند مداد رنگی بدهید و از آنها بخواهید به صورت دایره‌ای بنشینند.

2- موسیقی پخش کنید و از شاگردان بخواهید هر آنچه با شنیدن این موسیقی به ذهنشان می‌آید روی کاغذ بکشند.

3- تا زمانی که موسیقی پخش می‌شود دانش آموزان باید نقاشی بکشند.

4- بعد از 20 یا 30 ثانیه موسیقی قطع کنید.

5- دانش آموزان نیز نقاشی کشیدن را متوقف می‌کنند و آن را به دانش آموزی که سمت چپشان نشسته می‌دهند.

6- دوباره موسیقی پخش می‌شود و آن‌ها باید نقاشی که فرد قبلی شروع کرده ادامه دهند.

7- دوباره موسیقی را قطع کنید و شاگردان دوباره نقاشی را به شخصی که سمت چپشان نشسته بدهند و بازی به همین شیوه ادامه پیدا می‌کند تا این که آهنگ تمام شود.

8- وقتی کار تمام شد، هر کدام از دانش آموزان تصویری در اختیار دارد که با مشارکت دانش آوزان دیگر کشیده شده.

9- شما تصمیم می‌گیرید که با تصاویر چه کار کنید.

چند پیشنهاد :

1- هر چیزی را که در تصویر کشیده شده نام گذاری کنید.

2- دانش آموزان تصویر را برای گروه یا یکی از همکلاسیانشان توصیف کنند.

3- فرض کنید تصویر کشیده شده، رویای شب گذشته شماست، رویایتان را برای گروه توصیف کنید (یا یکی از دانش آموزان رویایش را توصیف کند).

4- این تصویر در واقع یک کارت پستال است، کارت پستال را برای یکی از همکلاسی‌هایتان بفرستید و در مورد تعطیلاتتان برایش توضیح دهید.

5- اگر اشخاصی را در نقاشی کشیده اید، صحبت‌هایشان را در نقاشی بنویسید.

6- تصاویر را به دیوارهای کلاس وصل کنید و گالری شخصی خود را راه اندازی کنید.

توجه: دانش آموزان با شنیدن موسیقی‌های متفاوت، تصورهای متفاوتی خلق می‌کنند، مثلاً با شنیدن موسیقی جامائیکایی یا آمریکای لاتین، تصویر جزیره‌های استوایی یا ساحل دریا را می‌کشند و با شنیدن موسیقی کلاسیک تصاویر انتزاعی خلق می‌کنند. این فعالیت را در کلاستان به کار گیرید و ببینید دانش آموزان شما چه تصاویری خلق می‌کنند و طبق آن فعالیت‌های دنباله دار را با کلامتان تطبیق دهید.

Talking Topics

موضوعاتی برای گپ زدن

این بازی صفحه دار فرصت خوبی برای دانش آموزان فراهم می‌کند تا کمی با هم مکالمات آزاد را تمرین کننده. می‌توانید براساس درس‌هایی که تا به حال داده اید موضوع را تعیین کنید یا این که موضوعات مورد علاقه دانش آموزان را انتخاب کنید.

صفحه بازی را دانلود کنید.

یک صفحه بازی را پرینت بگیرید و در هر مربع موضوعی را بنویسید که دانش آموزان بتوانند به مدت 1 دقیقه در مورد آن صحبت کنند.

از موضوعاتی که به آن‌ها درس داده اید استفاده کنید یا موضوعاتی عمومی انتخاب کنید، مثل: دوستان، خانواده، موسیقی، تلویزیون، سرگرمی، تعطیلات آخر هفته گذشته، تعطیلات آخر هفته آینده، تعطیلات، کلاس‌های انگلیسی!، غذا، فیلم‌ها و غیره.

همچنین می‌توانید در بعضی از مربع‌ها بنویسید «سه خانه به عقب برگردید».

ساختن صفحه‌های بازی هم می‌تواند یک فعالیت کلاسی باشد به این شکل که از دانش آموزان بخواهید با مشارکت گروهی صفحه‌های بازی درست کنند و بعد گروه‌ها صفحه‌ها را با هم عوض کنند و در این حالت برای کل کلاس صفحه بازی دارید.

اگر صحبت کردن در مورد موضوعی به مدت 1 دقیقه برای دانش آموزان خیلی مشکل است، آن‌ها می‌توانند در مربع‌ها سؤالاتی بنویسند و از هم کلاسیشان که کنارش نشسته بپرسند.

اگر تاس ندارید می‌توانید از سکه استفاده کنید. اگر شیر آمد، آن‌ها یک خانه جلو می‌روند و اگر خط آمد 2 خانه جلو می‌روند. مسلماً با استفاده از سکه زمان بیشتری صرف می‌شود.

اگر دانش آموزان از این بازی لذت بردند، می‌توانند گروه‌های کوچک تشکیل دهند و صفحه‌های بازی طبق میل خودشان بسازند.

What's my Line?

شغل من چیه؟

این یک بازی قدیمی است که بازیکنان باید به نوبت از بازیکنی دیگر سؤالاتی بپرسند تا کشف کنند شغل او چیست؟

روال کار:

1- دانش آموزان به نوبت جلو کلاس می‌آیند یا روی صندلی داغ می‌نشینند و به شغلی فکر می‌کنند.

2- بقیه کلاس سؤالاتی از آن‌ها می‌پرسند تا شغل موردنظر را حدس بزنند. مثلاً «آیا شما شبکار هستید؟ آیا لباس فرم می‌پوشید؟ و غیره.

اگر دانش آموزان 10 سؤال پرسیدند و موفق نشدند شغل موردنظر را حدس بزنند دانش آموزی که به شغل موردنظر فکر کرده برنده است.

What's on my head?

چه فکری در سر من است؟

این فعالیت برای تمرین و مرور کلمات به کار می‌رود و یا این که می‌تواند به موضوع خاصی مربوط باشد.

این فعالیت برای دانش آموزان در سطوح زیر متوسط و سطوح بالاتر مناسب است و می‌توان آن را بسط داد و به عنوان قسمتی از درس کلاس استفاده کرد، مثلاً به عنوان راهی برای شروع درس و یا این که وقت‌های اضافه کلاس را با این روش پر کنید.

آمادگی‌های لازم:

شما به کش‌های لاستیکی، فلش کارت‌های کوچک و یک زمان سنج (ساعت شنی) نیاز دارید.

فلش کارت‌های کوچک را یا دانش آموزان درست می‌کنند یا معلم آماده می‌کند(آماده کردن ورقه های پرس شده وقت گیر و گران قیمت است اما ارزشش را دارد).

شما به فلش کارت‌هایی در اندازه کارت ویزیت (یا اندکی بزرگتر) و چند ماژیک نیاز دارید.

از کل کلاس بخواهید که به موضوعی از قبیل حیوانات، میوه، یک شیء، یک شخص معروف، یک رنگ، یک مکان یا کشور و غیره فکر کنند و از آن‌ها بخواهید که هر کلمه را روی یک کارت بنویسند.

برای کلماتی که خیلی سخت هستند می‌توانند تصویرش را نیز بکشند. کارت‌ها را جمع کنید و کاغذها را زیرو رو کنید.

روال کار:

1- کلاس را به گروه‌های 4 نفره یا بیشتر تقسیم کنید و از دانش آموزان بخواهید هر کدام کش به دور سرشان ببندند.

دسته‌ای کارت به هر گروه بدهید و مطمئن شوید که نوشته روی کارت‌ها رو به پایین است و مشخص نیست.

2- دانش آموزان به ترتیب یک کارت بردارند و بدون این که نوشته آن را ببینند، آن را روی

پیشانیشان بگذارند، تا بقیه اعضای گروه آن نوشته را ببینند.

3- بعد آن دانش آموز از اعضای گروهش سؤالاتی می‌پرسد تا حدس بزند چه چیزی روی کارت نوشته شده، بقیه اعضای گروه با کلمات بله یا خیر یا جواب‌های کوتاه به او پاسخ می‌دهند. محدوده زمانی برای هر شخص تعیین کنید (1 یا 2 دقیقه).

4- دانش آموزان باید سؤالاتی شبیه آن چه در ادامه می‌آید بپرسند:

1- Am I a person?- No

2- Am I a place/ country?- No

3- Am I an animal?- Yes

4- where would you find me?- In the forest

5- which country?- India

6- Do I live in the water?- No

7- Am I a big or small animal?-Big

8-Do I have black stripes?- Yes

9- Am I a tiger?- Yes.

Get in line
به صف بیاستید

این فعالیت نوعی ارزیابی کلاسی است که فرصتی فراهم می‌کند. شما در مورد اطلاعات شخصی سؤال بپرسید و تمرین کنید.

مزیت این بازی این است که نیازی نیست چیزی بنویسید بنابراین به هیچ وسیله‌ای احتیاج ندارید. فقط یک کلاس بزرگ نیاز دارید که همه‌ی اعضای کلاس بتوانند در یک صف بایستند (این صف نباید صاف باشد!).

روال کار:

1- دانش آموزان از یکدیگر سؤال می‌کنند و براساس جوابی که می‌دهند در آن صف می‌ایستند، مثلاً چه روزی به دنیا آمدی؟ صف از متولدین ماه ژانویه شروع می‌شود، به ترتیب ماه‌های سال سازماندهی می‌شود و به متولدین ماه دسامبر ختم می‌گردد.

2- سؤالات دیگری نیز می‌توانید بپرسید، مثلاً: دیشب چه ساعتی خوابیدی؟ تا به حال به چند کشور سفر کرده ای؟ دیروز چند ساعت تلویزیون دیدی؟ و غیره.

3- وقتی همه‌ی دانش آموزان به ترتیب ایستادند، از هر کدام بخواهید که جواب‌هایشان را با صدای بلند بگوئید تا مطمئن شوید درست ایستاده اند.

English through Games

Talking points
موضوع صحبت

این یک فعالیت عالی است که فقط دانش آموزان در آن صحبت می‌کنند. قطعه‌هایی کاغذ و یک تاس نیاز دارید، شما 12 قطعه کاغذ و 2 تاس برای گروه‌های 3 یا 6 نفره نیاز دارید.

روال کار:

1- دانش آموزان را به چند گروه تقسیم کنید و از هر گروه بخواهید 12 موضوع مورد علاقه خود را روی کاغذها بنویسند.

2- از آن‌ها بخواهید کاغذها را برگردانند و پشت هر کدام شماره‌ای از 1 تا 12 بنویسند.

3- به هر گروه 2 تاس بدهید، دانش آموزان به نوبت تاس‌ها را می‌اندازند، هر شماره‌ای که آمد، کاغذ مربوط به آن شماره را بر می‌گردانند و همه‌ی گروه به مدت 2 دقیقه در مورد آن موضوع صحبت می‌کنند.

4- وقتی 2 دقیقه تمام شد باید دوباره تاس بریزید، اگر شماره جدیدی آمد راجع به موضوع جدید صحبت می‌کنند و اگر دوباره همان شماره قبلی آمد راجع به همان موضوع 2 دقیقه دیگر صحبت می کنند. به همین شیوه ادامه می‌دهند تا در مورد همه‌ی موضوع‌ها صحبت کنند یا اینکه کلاس به پایان برسد!

Word Snakes

مارهای کلمه‌ای

این یک فعالیت ساده است که برای شروع یک درس یا خاتمه دادن به درس می‌توان از آن استفاده کرد این فعالیت را می‌توانید با موضوع مورد بحث تان و یا موضوعی که می‌خواهید دوره کنید تطبیق دهید. مار کلمه ای، زنجیره‌ای از کلمات است که هر کلمه با حرف آخر کلمه قبلی شروع شده.

برای مثال:

Food:

Spinach- ham- melon- nuts- snausage- egg- garlic- cheese…

Animals:

Giraffe- elephant- tiger- rhinoceros- spider- rat- turtle…

Taboo

این فعالیت اقتباسی از بازی معروف کلمات به نام تابو است. کارت‌های تابو را آماده کنید و کلمه‌ی موردنظر را بالای آن بنویسید و کلماتی که در توصیف آن کلمه نباید به کار روند پایین کارت یادداشت کنید.

هدف این است که دانش آموزان بدون استفاده از آن کلمات ممنوعه، کلمه موردنظر را تعریف کنند، از کلماتی که می‌خواهید دوره شود استفاده کنید.

وقتی که دانش آموزان تلق کار را یاد گرفتند، می‌توانند کارت‌های تابو درست کنند.

مثال:

Bicycle

- wheels
- transport
- ride

Drawing dictation
نقاشی با دستورالعمل

این فعالیت راهی مناسب برای تمرین کلمات و سنجش دقت گوش دادن دانش آموزان است.

براساس سطح گروهتان می‌توانید کلمات آسان یا سخت به کار ببرید، همچنین می‌توانید کلماتی که قبلاً خوانده اید را به روشی سرگرم کننده مرور کنید.

روال کار:

1- اگر دانش آموزانتان راجع به غذاها آموزش دیده اند، از آن‌ها بخواهید یک یخچال بکشند که در آن باز است و غذاهای مختلفی در آن وجود دارد.

2- شیوه بیانتان و زبانی که به کار می‌برید دقیق و ساده باشد.

3- برای سطوح بالاتر از پیش تصویری آماده کنید و برای کلاس توصیف کنید. ببینید تصویر کدام یک از دانش آموزان بیشتر به تصویر اصلی شبیه است. این فعالیت را می‌توان تک نفره نیز انجام داد و دانش آموزان باید به نوبت شرکت کنند.

Pass the ball

توپ را پاس دهید

این بازی برای تمرین صفت‌ها طراحی شده، برای بازی به یک توپ یا گلوله کاغذی احتیاج دارید.

روال کار:

1- شما و دانش آموزان به صورت دایره‌ای می‌نشینند یا می‌ایستید.

2- توپ را به بغل دستی خود بدهید و با ادا و اطوار وانمود کنید که توپ خیلی سنگین است.

3- به بغل دستی خود بگویید این توپ بسیار بسیار سنگین است و توپ را به او بدهید.

4- آن‌ها همچنان توپ را با هم دست به دست می‌کنند و می‌گویند که سنگین است.

5- از آن‌ها بخواهید که به صفت جدیدی فکر کنند. حالا توپ خصوصیت متفاوتی پیدا می‌کند.و دوباره دست به دست می‌شود.

6- وقتی که می‌گویید «توپ تغییر می‌کند»، دانش آموزی که توپ را در دست دارد آن را به بغل دستی خود می‌دهد و از صفت جدیدی استفاده می‌کند و توپ در کل دایره دست به دست می‌چرخد و صفت جدید را می‌گیرد.

7- این صفت ممکن است Smelly, alive, light, cold,hot و غیره باشد. در آخر از دانش آموزان بخواهید، صفت‌هایی را که به یاد می‌آورند، بگویند و با اجرای پانتومیم آن‌ها را نشان دهند تا دیگران حدس بزنند.

Mystery objects
اشیا مخفی

این بازی برای مرور گروه‌های واژگانی، همچنین تمرین استفاده از صفت‌ها مناسب است. این بازی را می‌توان گروهی انجام داد و معلم می‌تواند گروه را رهبری کند.

روال کار:

1- اگر می‌خواهید به صورت گروهی بازی کنید، پس دانش آموزان را به چند گروه تقسیم کنید.

2- شما یا یکی از دانش آموزان شی را توصیف کنید، ممکن است بخواهید اشیایی که در کلاس وجود دارد توصیف کنید، یا شی خاصی در یک مکان یا شی که به تازگی در مورد آن خوانده‌اید.

3- همانطور که شی را توصیف می‌کنید، گروه‌ها می‌توانند اسم شی را حدس بزنند.

4- برای جلوگیری از شلوغی، از آن‌ها بخواهید که حدسیاتشان را روی برگه بنویسند و تحویل دهند یا این که دست خود را بالا کنند، بنابراین بدون قطع کردن توصیف‌ها می‌توانید جواب‌ها را بررسی کنید.

5- برای شخص یا گروهی که اولین نفر پاسخ صحیح می‌دهد امتیازی در نظر بگیرید.

Right or wrong? Right or left?

درست یا غلط؟ راست یا چپ؟

این فعالیت برای شاگردان کم سن تر مناسب است تا بتوانید اطلاعات را بررسی کنید.

روال کار:

1- دانش آموزان را رو به روی خود به صف کنید.

2- جمله‌ای طرح کنید بعد دانش آموزان باید تصمیم بگیرند که جمله صحیح است یا غلط. مثلاً:

A. Today id Friday.
B. There are 14 students in our class today.
C. Mateue is wearing a green jumper.

3- اگر جمله صحیح بود آن‌ها باید یک قدم بزرگ به سمت راست بردارند و اگر جمله غلط بود باید یک قدم بزرگ به چپ بردارند.

4- وقتی قلق کار دستشان آمد، یکی از آن‌ها می‌تواند جمله سازی کند.

5- اگر بخواهید می‌توانید آخرین کسی که به سمت اشتباه قدم بر می‌دارد از بازی حذف کنید.

English through Games

Horse Race Dictation
دیکته مسابقه اسب دوانی

در این فعالیت شاگردان قبل از شنیدن جواب سعی می‌کنند ترتیب کلمات در یک جمله به هم ریخته را پیش بینی کنند. بازی لذت بخشی است چون شاگردان باید پیش بینی کنند کدام کلمه اول می‌شود مثل وقتی که در مسابقه اسب دوانی، مردم پیش بینی می‌کنند، کدام اسب اول می‌رسد. برای مدت کوتاهی انگیزه قوی به شاگردان می‌دهد اما فعالیت شنیداری عمیقی است، مثل یک گزارش زنده مسابقه اسب دوانی که جواب‌ها را اعلام می‌کند.

آمادگی:

جمله‌ای انتخاب کنید و کلمات را به ترتیبی تصادفی سمت چپ تخته بنویسید مثل کلمات پایین

Finally,
was,
o'clock
, eleven,
home,
when,
I,
it,
got

گزارش نمونه:

Thy're off! I has made astrong start, with close behind, and home

and got following. When is at the back, eleven and o'clock are just ahead, was and it are in the middle of the tield and it has just passed was. Both are ahead of eleven and O'clock and when is coming from behind past; passing eleven and O'clock and look at when go, flying up the field! He has passed finally and is new passing T, and into the lead. They're coming to finish line, what an incredible finish!

It's when first, t second, t second, finally third, go t beats home to finish fourth with O'clock coming in last.

Example answer: When I finally got home it was eleven O'clock.

روال کار:

1- مطمئن شوید که شاگردان با کلماتی که در مسابقات ترتیب کار را نشان می‌دهند آشنا هستند. مثل second, first, last, at the back, following, ahead, behind, up the field. و غیره.

2- به شاگردان بگویید، کلمات اسب‌هایی هستند که در مسابقه شرکت می‌کنند و به آن طرف تخته می‌روند، اولین کلمه در جمله برنده است، دومین کلمه، دومین اسبی است که به خط پایان می رسد و به همین روال ادامه می‌یابد. از آن‌ها بخواهید که کلمه برنده را انتخاب کنند.

3- از آن‌ها بخواهید که پیش بینی‌هایشان را با هم مقایسه کنند.

4- به آن‌ها بگویید که به یک گزارش زنده اسب دوانی گوش خواهند داد و باید با دقت گوش کنند تا برنده و ترتیب کلمات را تشخیص دهند. آن‌ها می‌توانند یادداشت بردارند و در نهایت جمله کامل را بنویسند.

5- گزارش را بخوانید، کلماتی که به صورت مورب نوشته شده اند را با تأکید بخوانید تا با بقیه کلمات فرق داشته باشند، توجه داشته باشید که گزارش‌های واقعی با سرعت روایت می‌شوند پس سعی کنید گزارش را نسبتاً سریع بخوانید.

6 – جواب‌ها را چک کنید. ممکن است نیاز باشد گزارش را بیش از 1 بار بخوانید. ببنید پیش بینی چه کسی در مورد برنده درست بوده.

Grammar auction
مزایده دستور زبان

این یک مزایده است که به وسیله معلم رهبری می‌شود. بازی را به 2 شکل می‌توان انجام داد: نکات مختلف را با هم ترکیب کنید که این کار بازی را دشوار می‌کند یا یک حوزه مشخص را در نظر بگیرید. باید بررسی کنید که دانش آموزان مفهوم مزایده را بدانند.

روال کار:

1- دانش آموزان را به گروه‌های 2 نفره تقسیم کنید و به هر کدام برگه‌ای که چند جمله روی آن نوشته شده بدهید و محدودیت مالیشان را نیز مشخص کنید.
جایگزین کردن یک امتیاز انحصاری یا پول جعلی به جذابیت بازی می‌افزاید.

2- به شاگردان بگویید روی چند جمله شرط بندی کنند.

3- مزایده را با شادی و نشاط برگزار کنید.

4- بعد از این که همه‌ی جملات فروخته شدند، برای مشخص کردن جملات درست رأی گیری کنید، جواب‌ها را تأیید کنید.

5- از شاگردان بخواهید پول‌هایشان را بشمارند، چه کسی روی جمله غلط شرط بندی کرده و پول از دست داده؟

6- از گروه‌های 2 نفره بخواهید که علت غلط بودن جملات را بیان کنند.

Decide which of these sentences is correct. You have 1000 Euro to spend. Try to buy the best sentences with your money. Only buy correct ones if you can!

1. I am living in Paris since 1998
2. Has Pascal ever been to London?
3. Betty has not went to England yet.
4. Nobody in the class has been to America.
5. How long are you studying English?
6. I have not seen my cousin since a long time?
7. We have seen each other last summer.

8. When were you born?
9. I have been born in 1978.
10. I've never seen a film in English but I've read a book.
11. Sally's lived in London for 10 years now.

Telephone Wires

خطوط تلفن

این فعالیت همان مهمون بازی قدیمی بچه‌هاست که گاهی اوقات به □پچ پچ چینی□ معروف است.

1- دانش آموزان به صورت دایره‌ای می‌نشینند و در گوش هم جمله‌ای می‌گویند. آخرین نفری که پیام را میگیرد آن را بلند می‌گوید و یا اینکه روی تخته می‌نویسد. این فعالیت شیوه‌ی جالبی برای معرفی یک موضوع و طرح چهارچوب کلی درس برای شروع کلاس است.

مثلا برای کلاسی که می‌خواهیم در مورد غذا صحبت کنیم، در گوشی می‌پرسند:

What did you have for lunch today?

به همان نسبت این بازی راه مناسبی برای خاتمه کلاس و مرور ساختارها و کلماتی است که از درس یاد گرفته ایم.

2- راه دیگر این است که دانش آموزان را به دو صف تقسیم کنید (گروه □ و گروه)□، بنابراین اولین نفراتی که اول صف ایستاده اند نسبت به بقیه اعضای گروه به تخته نزدیکترند.

3- راه دیگر این است که بازی را به 2 زبان انجام دهید. شما جمله را به انگلیسی در گوش یکی از دانش آموزان میگویید، بعد او جمله را به زبان مادریش ترجمه میکند و در گوش دانش آموز بعدی می گوید و دانش آموز بعدی جمله را دوباره به انگلیسی ترجمه میکند، به همین شیوه پیش می‌روید تا جمله به گوش آخرین دانش آموز برسد.

اگر جمله را با دقت انتخاب کنید، این روش راه مناسبی است که مشکلات ناشی از تداخل بین2 زبان را در بین شاگردانتان تشخیص دهید. انجام این فعالیت به صورت گروهی نیز موثر است.

The Chat Room
اتاق گفتـگو

□تالار گفتگو□ فعالیت جالبی برای نوشتن سوال و جواب است. از آنجائیکه این فعالیت به آمادگی و وسیله‌ای نیاز ندارد، راه مناسبی برای پر کردن آخرین دقیقه‌های باقی مانده‌ی کلاس است. هر دانش آموز یک صفحه سفید و یک خودکار نیاز دارد. آنها قرار است به یک اتاق گفتگوی اینترنتی ماقبل تاریخ بروند پس به لقب احتیاج دارند.

شما شبکه اینترنت خواهید بود و در میان دانش آموزان که به صورت دایره‌ای نشسته اند می ایستید و مطالب آنها را رد و بدل می‌کنید. توضیح دهید که شبکه کمی مختل شده و آنها نمی‌توانند به افراد خاص پیام بفرستند. اگر گروه خیلی بزرگ است از یکی 2تا از دانش آموزان بخواهید که به شما کمک کنند و نقش شبکه را به عهده گیرند.

به آنها نمونه‌ای نشان دهید تا بدانند چطور باید شروع کنند، مثلا:

Pingue: How are you feeling today?

وقتی دانش آموزان سوالات خود را نوشتند، آنها را بالا می‌گیرند و شما کاغذها را مچاله می‌کنید یعنی پیامشان فرستاده شده و بعد آنها به پیامی که دریافت کرده اند پاسخ می‌دهند. به همین شیوه فعالیت ادامه پیدا می‌کند تا هر کدام از آنها صفحه‌ای مملوع از گفتگو داشته باشد. بعد برگه‌ها را به کسی که اولین سوالات را نوشته باز می‌گردانید تا ببیند گفتگو چطور ادامه پیدا کرده. این بازی می‌تواند با صحبت در مورد اینترنت و تالار گفتگو ادامه یابد یا اینکه می‌توانید اشتباهات متن را اصلاح کنید. از آنجائیکه شاگردان این متن‌ها را سریع نوشته اند ممکن است اشتباهات احمقانه و پیش پا افتاده در آنها باشد که خودشان می‌توانند اصلاحشان کنند. این فعالیت را سالها پیش یک معلم در کلاس درس آموزش به من ارائه داد، از کارمی برای این فعالیت متشکرم.

English through Games

The Coffeepot Game
بازی فنجان قهوه

این بازی برای تمرین و مرور افعال حرکتی و قیدها مناسب است.

روال کار:

1- یکی از دانش آموزان فعلی را در نظر می‌گیرد اما به بقیه نمی‌گوید.

2- شاگردان دیگر با پرسیدن چند سوال سعی می‌کنند که آن فعل را حدس بزنند. فعل جا افتاده باید جایگزین ▢▢▢▢▢▢ شود.

1- Why do you coffeepot?
2- Where do you coffeepot?
3- Do you coffeepot by yourself?
4- Do you need any special equipment for coffee potting?

3- مطمئن شوید که دانش آموزان سوال می‌پرسند و بدون سوال کردن فقط فعل را حدس نمی‌زنند.

4- شما می‌توانید دانش آموزان را به چند گروه تقسیم کنید و اگر گروهی جواب صحیح داد، امتیازی به آن تیم بدهید.

5- بهتر است اول روال بازی را برای آنها روشن کنید، به این شیوه که اول خودتان فعلی در نظر بگیرید و آنها از شما سوال کنند تا فعل را حدس بزنند.

The Yes and No Game

بازی بله و خیر

این بازی فوق العاده برای تمرین سوال کردن طراحی شده. یکی از دانش آموزان را انتخاب می‌کنید تا روی صندلی داغ بنشیند، کمی با فاصله از دایره‌ای که شاگردان تشکیل داده اند.

شاگردان باید چند سوال طرح کنند و از دانش آموزی که روی صندلی داغ نشسته بپرسند. هر سوالی بخواهند می‌توانند بپرسند، تنها قانون بازی این است که دانش آموز نمی‌تواند جواب بله یا خیر بدهد. سر تکان دادن و اشاره کردن هم ممنوع است. مثلا دانش آموزی می‌پرسد:

- Are you wearing jeans today?

و دانش آموز روی صندلی داغ باید بگوید:

- I am or you can see that they are jeans!

Two Word Games

بازی‌های دو کلمه‌ای

این بازی را می‌توان در طول سال تحصیلی انجام داد اما برای جمع بندی آخر ترم بسیار مفید است.

چندین بار می‌توان بازی کرد. اول با کل کلاس بازی کنید و بعد کلاس را گروه بندی کنید. (این فعالیت برای گروه‌هایی که شاگردانی با توانایی‌های متفاوت در آنها وجود دارند مفید است.)

1- کلمه را حدس بزنید. (این روش برای حدس اسم‌های معنی استفاده می‌شود.)

5 کلمه انتخاب کنید که به موضوع مکالماتی که اخیرا خوانده اید ربط داشته باشد. سرنخ‌هایی برای دانش آموزان بنویسید تا در حدس کلمات کمکشان کند. می‌توانید با همه کلاس یا گروه گروه بازی کنید. می‌توانید در هر جلسه 1 کلمه را انتخاب کنید و بازی را انجام دهید یا اینکه همه‌ی کلمات را جمع کنید و در یک جلسه همه‌ی کلمات را به عنوان یک بازی طولانی به کار ببرید.

Example Clues:

* I am a noun but I am very important.
* I begin with the letter " f ".
* people in prison have lost it and went it back.
* people demand it when it is taken away by dictators.
* It is related to speech.
(puzzle word: Freedom)

2- از شرش خلاص شوید.

این بازی برای جفت کردن کلمات با معنیشان یا کلمه متضادشان به کار می‌رود. 2سری کارت نیاز دارید کارت‌های سفید برای کلمات و کارت‌های زرد برای سوالات و در آغاز بازی همه‌ی سوالات را در یک جعبه یا کلاه قرار دهید.

1- به هر دانش آموز حداقل 3 کارت کلمه بدهید، روی میزهایشان قرار دهید.

2- یک کارت را از درون کلاه بیرون آورید و سوالش را بخوانید. دانش آموزان کلماتشان را بررسی

کنند. هر کس کلمه‌ی مربوطه را در دست دارد می‌تواند از شرش خلاص شود. کسی که اولین نفر از شر همه‌ی کارت‌هایش خلاص شود، برنده است.

* What type of animal has kittens?
* What is the opposite of the verb "to borrow"
* What do you call a person who cuts hair?
* Where can you buy medicine?

Stand Up Sequence
توالی استاندارد

این بازی برای تمرین هر نوع توالی استاندارد مثل شماره 1 تا 30، روزهای هفته، ماه‌های سال و حروف الفبا مناسب است.

دانش آموزان به صورت دایره‌ای می‌نشینند. توالی مورد نظرتان را انتخاب کنید و بدون اینکه با دیگران در میان بگذارید، یکی از دانش آموزان بلند می‌شود و توالی را شروع می‌کند. مثلا اگر این توالی حروف الفباست، یکی از شاگردان بلند می‌شود و می‌گوید □□□ و می‌نشیند، بعد دانش آموز دیگری بلند می‌شود و می‌گوید □□□ و می‌نشیند، به همین شیوه بازی ادامه پیدا می‌کند. اگر همزمان 2 دانش آموز بلند شدند، توالی از اول شروع می‌شود. این روش مناسبی است که شاگردان ارتباط چشمی و رعایت نوبت را تمرین کنند

Déjà vu
جواب قبلی رو بگو

این فعالیت گفتاری راه مناسبی است که شاگردان هم زمان به انگلیسی فکر کنند و از حافظه شان استفاده کنند، یک راه ساده برای مرور متن‌هایی که قبلا در کلاس خوانده شده است.

ابزار/ وسایل:
متن‌ها یا مقاله‌های معتبری که قبلا خوانده اید و یا امتحانات کوتاهی که در کلاس گرفته شده.

آمادگی:
چند سوال در مورد اطلاعات واقعی متن‌ها مثل تاریخ‌ها، اسم‌های خاص، درصدها، اعداد و غیره آماده کنید.

روال کار:
از دانش آموزان بخواهید متن‌ها و مقاله‌های خوانده شده را دو باره بخوانند و اطلاعات واقعی آنها را یادداشت کنند، یادداشت‌هایشان را با یک همکلاسی مقایسه کنند. کلاس را به چند گروه تقسیم کنید. هر گروه برای خود یک نماینده تعیین کند که به هنگام نوبت گروه صحبت کند. معلم اولین سؤال رامی پرسد اما دانش آموزان نباید جواب دهند. معلم دومین سؤال رامی پرسد، اما شاگردان جواب سؤال قبلی رامی دهند(سؤال اول).معلم سؤال سوم رامی پرسد و شاگردان جواب سؤال قبلی رامی دهند(یعنی سؤال دوم)و به همین شیوه بازی ادامه می‌یابد. هر دانش آموز باید به همه‌ی سؤالات یک دوره پاسخ صحیح دهد تا برنده شود.

English through Games

Sample1-General Knowledge Quiz
- How many legs does a spider have?-(SKIP answer)
- What is the currency in India? - 8
- Where will the next Olympic Games take place? –Rupee
- What was Bob Marley·s birth name? –London
- When is St Patrik·s Day celebrated? –Robert Nesta Marley
- What is 6+3? -17 March
- 9

Sample2-Questions about a text
- Where did Bill live when he was a child?(SKIP answer)
- What was the name of his pet?-Sydney
- How many footballs did he have? –Roxy
- When did he move to the UK? -4
- Why was he unable to complete his primary school? –In 1999
- He moved to car diff

Happy Graph

نمودار شادی

این یک بازی مهیج و با ارزش مخصوص کلاس نوجوانان است. این بازی فرصتی فراهم می‌کند تا دانش آموزان با شما بیشتر آشنا شوند، همچنین متوجه می‌شوید که دیدگاه اولیه شاگردان در مورد شما چه بوده است؟ دو محور یک نمودار را روی تخته بکشید، محور افقی رابه7_قسمت تقسیم کنید و محور عمودی رابه3 قسمت تقسیم کنید و3_دایره روی این نمودار بکشید. از شاگردان بپرسید به نظر آنها این هفت قسمت نشانه چیست و آنها را راهنمایی کنید، تأمل کنید تا جواب درست را از آنها بگیرید. یعنی این7 قسمت نشانه7روزهفته است(هفتمین قسمت همان روز کلاس است و قسمتهای قبلی راهم با روزهای قبل از آن نام گذاری کنید).3چهره داخل دایره‌ها بکشید. چهره‌ی بالایی خیلی خوشحال است، چهره‌ی وسطی بی تفاوت به نظر می‌رسد و آخرین چهره ناراحت است. این یک نمودار شادی است، حالتهای روحی خود در هفته گذشته را روی نمودار مشخص کنید و آنها را به هم وصل کنید. بعد راجع به هفته‌ای که گذرانده اید با دانش آموزان صحبت کنید و از آنها بخواهید که درمورد این موضوع از شما سؤال کنند، مثلا:

• Why were you really happy last Sunday?

- Because I went out with my friends for lunch and we had a really good time.

بعد شاگردان به گروهای 2 نفره تقسیم شوند و به همین روال با یکدیگر صحبت کنند و از این قبیل سؤال‌ها از یکدیگر بپرسند.

The Press Conference
کنفرانس مطبوعاتی

کنفرانس مطبوعاتی فعالیتی فوق العاده برای تمرین سؤال پرسیدن به شیوه‌ای سرگرم کننده است و فرصتی فراهم می‌کند تا شاگردان در سطوح پایین ساختارهای گفتاری منظم و سازمان یافته را تمرین کنند. به دانش آموزان بگویید که آنها گزارشگران یک مجله هستند که در مورد آدمهای معروف گزارش تهیه می‌کنند و قرار است با افراد مشهوری مصاحبه کنند. پس باید سؤالات کلی که می‌توان از هر آدم معروفی پرسید آماده کنند(مثل بازیگران، خوانندگان، ستاره‌های دنیای ورزش، سیاستمداران و غیره). چند مثال برای آنها بزنید، مثل:

Do you enjoy your job?
Are you happy being so famous?

از آنها بخواهید جدولی بکشند و 4 سؤال در قسمت چپ آن بنویسند و 5 ستون در قسمت راست بکشند. بعد روی برچسب‌ها بنویسند دوست دارند در چه زمینه‌ای معروف باشند، سپس برچسب‌ها را به خود بچسبانند.

دو دایره هم مرکز تشکیل دهید به صورتی که دانش آموزان روبه روی هم بنشینند. آنها باید با شخصی که روبه رویشان نشسته به مدت 2 دقیقه مصاحبه کنند و همه‌ی اطلاعاتی که کسب می‌کنند را یادداشت کنند. بعد خود او نیز باید 2 دقیقه مصاحبه بدهد. بعد از اینکه 2 دقیقه هر 2 شخص تمام شد از شاگردانی که در دایره بیرونی نشسته اند بخواهید که هر کدام روی صندلی بغل دستی خود بنشیند و یک صندلی به راست حرکت کند. بعد دوباره بازی را شروع کنید و هر کدام از آنها به مدت 2 دقیقه با شخص روبه رویش مصاحبه کند. وقتی که هر کدام از دانش آموزان 5 یا 6 بار مصاحبه کرد و مصاحبه داد، هر کس سر جای خود بنشیند.

بعد آنها می‌توانند اطلاعاتی را که جمع آوری کرده اند با گروهشان در میان بگذارند یا اینکه به عنوان مقاله‌ای برای ستون شایعات در مورد اشخاص معروف استفاده کنند. اگر تعداد دانش آموزان شما فرد است هر بار که از شاگردان می‌خواهید جایشان را عوض کنند به نوبت یکی از آنها را از دایره بیرون آورید. این شخص می‌تواند به شما کمک کند تا فعالیت بچه‌ها را نظارت کنید و می‌تواند دور

دایره راه برود و به صحبت‌های بقیه گوش کند و در حین کار اشتباهات آنها را یادداشت کند.

وقتی تعداد دانش آموزان زیاد باشد، این فعالیت بسیار پر سروصدا است اما شیوه فوق العاده‌ای است که شاگردان برای مدت طولانی با هم صحبت کنند و وقتی قلق کار دستشان آمد، احتمالا خواهید دید که چقدر اعتماد به نفسشان بالا می‌رود.

I went to the shops

من به خرید رفتم

این فعالیت یک بازی قدیمی تست حافظه است که هر شخص براساس حروف الفبا یک قلم جنس دیگر به لیست اضافه می‌کند.

- Student1:I went to the shops and I bought an apple.
- Student2:I went to the shops and I bought an apple and a bike.
- Student3:I went to the shops and I bought an apple, a bike and a coat.

این بازی را می‌توان با شاگردان در سطوح گوناگون با دایره لغات متفاوت تطبیق داد. من اخیرا به جای shops، sports به کار بردم و از کلماتی مثل go/play/do استفاده کردم:

I went to the sports centre.......

این همان بازی است، اما از واژگان متفاوتی استفاده می‌شود. مثلا:

Student1: I went to the sports centre and I did aerobics.
Student2: I went to the sports centre and I did aerobics and played basketball.
Student3: I went to the sports centre and I did aerobics and played basketball and went canoeing.

Hot Seat

صندلی داغ

□صندلی داغ□ برای کلاس‌هایی که صبح برگزار می‌شوند فعالیت خوبی است. همچنین فرصت خوبی برای دوره کردن کلمات است.

روال کار:

1- کلاس را به چند گروه تقسیم کنید (2گروه خوب است، اما اگر تعداد شاگردانتان زیاد است، به تناسب آنها گروه تعیین کنید).

2- دانش آموزان را روبه روی تخته بنشانید.

3- بعد چند صندلی به تعداد گروه‌ها رو به روی هر گروه قرار دهید، این صندلی‌ها، صندلی داغ هستند.

4- ازهرتیم یک نفر را انتخاب کنید تا روی صندلی داغ بنشیند. بعد آنها پشت به تخته و روبه روی هم گروهانشان نشسته اند.

5- لیستی از کلمات برای این بازی آماده کنید.

6- اولین کلمه را از لیست انتخاب کنید و به وضوح روی تخته بنویسید.

7- اعضای گروه باید آن کلمه را برای کسی که روی صندلی نشسته توصیف کنند. مثلا: مترادف، متضاد یا معنی آن را بگویند.

8- آن شخص به توصیف‌ها با دقت گوش می‌کند و کلمه را حدس می‌زند.

9- اولین دانش آموزی که کلمه را حدس بزند، 1 امتیاز برای تیمش کسب می‌کند.

10- برای کلمه بعدی شاگردان دیگری را انتخاب کنید تا روی صندلی بنشینند.

11- سپس کلمه بعدی را بنویسید......

این فعالیت بسیار هیجان انگیز است و می‌توان آن را در هر کلاسی با هر تعداد دانش آموز به کار برد. اگر تعداد گروه‌ها زیاد است، می‌توانند صبر کنند و به نوبت بازی کنند. یا اگر تعداد اعضای تیم‌ها زیاد است مشخص کنید چه تعداد از آنها کلمه را توصیف کنند.

Bibliographies:

English 4 kids. http://www.english-4kids.com/.

Engliah game. http://english-games.com/.

ESL game plus. http://www.eslgamesplus.com/classroom-games/.

Fun for the brain. http://fun4thebrain.com/english.html.

English for children. http://rong-chang.com/kids.htm.

Fun English for games. http://www.funenglishgames.com/.

Language games. http://www.tedpower.co.uk/games.htm.

Learn English for kids. http://www.learnenglishkids.britishcouncil.org/en/kids-games.

Learn English. http://www.tolearnenglish.com/english-games.php.

Marsland, Bruce (1998). *Lessons from nothing: Activities for language teaching with limited time and resources (Cambridge Handbooks for Language Teachers)*.Cambridge: Cambridge University Press.

McCallum , George P.(1998) .*101 Word Games (Resource Books for Teachers of Young Students)*. Oxford: Oxford University Press.

TESOL blog. www.blogtesol.com.

Ur, Penny, Wright, Andrew (1992).Five-Minute Activities: A Resource Book of Short Activities (Cambridge Handbooks for Language Teachers). Cambridge: Cambridge University Press.

Wright, Andrew , Betteridge, David, & Buckby, Michael (2006) . *Games for language learning*. Cambridge: Cambridge University Press.

درباره نویسنده:

دکتر آزاده نعمتی، استادیار و عضو هیأت علمی دانشگاه آزاد اسلامی واحد جهرم می‌باشند. ایشان سردبیری چند مجله بین المللی را برعهده دارند و مقالات ملی و بین المللی بسیاری منتشر نمودند. از دیگر فعالیت‌های پژوهشی ایشان می‌توان به تالیف 10 کتاب تخصصی، شرکت در بیش از 20 کنفرانس ملی و بین‌المللی و برعهده گرفتن راهنمایی دانشجویان کارشناسی ارشد اشاره کرد. ایشان در سال‌های 1389، 1391 پژوهشگر برتر و در سال 1392 منتخب جشنواره پژوهشی دانشگاه شدند.

کتاب های چاپ شده دیگر از همین نویسنده:

- The Impact of Vocabulary Strategies on Short and long Term. Germany: LAP LAMBERT Academic Publishing
- Special English for the students of biology. Shiraz: Islamic Azad University Jahrom Branch and Navid publication
- Phonetic reader. CreateSpace Independent Publishing Platform
- Special English for the students of midwifery. CreateSpace Independent Publishing Platform
- Aspects of Language Learning Strategies (LLS): Focus on vocabulary learning strategies (VLS). CreateSpace Independent Publishing Platform

- فرهنگ لغات پرستاری آکسفورد. دانشگاه آزاد اسلامی واحد جهرم.
- مهارتها: چگونه با یادگیری تکنیکها دانشجو و زبان آموز بهتری باشیم. دانشگاه آزاد اسلامی واحد جهرم.
- اصول رزومه نویسی همراه با الگوهای فارسی و انگلیسی. شیراز: انتشارات تخت جمشید.

www.ingramcontent.com/pod-product-compliance
Lightning Source LLC
Chambersburg PA
CBHW080250170426
43192CB00014BA/2632